经济学名著译丛

The Economic Organization of England: An Outline History

英国的经济组织

〔英〕威廉·詹姆斯·阿什利 著
王丽 译

The Economic Organization of England:
An Outline History

创于1897 商務印書館 The Commercial Press

2018年·北京

William James Ashley

THE ECONOMIC ORGANIZATION OF ENGLAND

An Outline History

Longmans, Green and Co., London 1914

本书根据伦敦朗文－格林公司 1914 年版译出

目　　录

序　　言

在我1912年圣诞前两周作为汉堡殖民地研究所(the Colonial Institute of Hamburg)“综合讲座系列”的一部分讲这个课的时候,印过很多下面这些讲义。它们是根据过去几年我在伯明翰大学(the University of Birmingham)经常讲的一个简短课程的脉络整理出来的。

基于我所要达到的目的,我希望大家能够把这本书的简明扼要视为一个优点。我冒昧地认为,对于初次接触英国经济史的人来说,能够通过讲述让他们对所要研究的范围和很多不得不去思考的话题有一个大体的概念,这是非常有利的。

1914年4月于埃德巴斯顿

第一讲　英国的农业制度：从采邑谈起

通过这一系列的讲解，我主要想给大家介绍一下英国发展史上出现过的各种经济组织形式，当然其间也会涉及一些其他的内容。经济史，即人类经济活动的历史，是人类利用环境、从中获取赖以生存的物质资料并满足与生存有密切关联的物质需要的历史。然而有史以来，人类的这种活动一直都不是完全的个人行为，都不是由独立的个体完成的。从人类诞生以来，似乎就存在某种形式的协作体；这种协作体有着基本的职责分工，简言之，即存在某种组织形式。经济史，即使是一个国家几百年的发展历程，也是一个极其宽泛和复杂的课题。我们不能奢望仅仅通过几次简短的系列讲解就把经济史讲清楚。事实上，有关经济史的很多东西我们了解得都非常有限，而基于目前这些有限的认知，我们也没奢望能把经济史讲清楚，但是，我们还是会拿出很大的篇幅来讲解经济史。不过，既然已经明确了我们的主题是各种组织形式及其变化，那么我们多少也就有了一些可以指引我们穿越即将要踏入的迷宫的线索。

我想先来谈谈农业的情况，这么做的原因有二。其一，就像西欧的其他国家一样，几百年前，英国几乎是一个彻底的农业国。我们的一个任务就是要弄清楚英国是如何从一个自给自足的农业国彻底转变成一个食物主要依赖进口的工业化国家的。其二，迄今为止，在西欧地区，英国的农业发展一直独具特色。12、13 世纪，整个西欧和中欧的土地都是由被束缚在土地上的农奴耕种的。在英国以外的其他国家，除个别地区以外，这些农奴的后代或代表仍然留在了原来的土地上。这些人有些成为了拥有土地的“自耕农”，有些则成为了基本上可以永久租种土地的小佃农。在德国，总体来看，有 2/3—3/4 的土地仍归农民拥有和耕种。即使是在易北河以东的那些跟英国非常类似、存在很多大土地所有者的省份，自耕农也占据了 2/5—2/3 的土地。而在德国的西南地区，自耕农几乎垄断了所有的土地。在法国的各个省份，大土地所有者分布较为平均，但也有近一半的土地仍掌握在农民手中。而在英国则相反，多数可耕种的土地都掌握在少数“地主”手中。当然，英国也有很多自主耕种的土地所有者。如果将城乡都计算在内的话，据说在英格兰和威尔士有多达 100 万名自主耕种的土地所有者。但这些人拥有的土地面积大都较小，因此，他们拥有的土地在全国土地总面积中所占的比重很小。在最近的“农业大萧条”（英国现在仍在极力摆脱这次大萧条所带来的困扰）发生之前，据计算，英格兰和威尔士有半数以上的土地掌握在 4，200 名个人手中，迄今为止，这种少数人占有大多数土地的状况仍未发生大的改变；而另一小半农业用地则掌握在不到 34，000 名土地所有者手中。

搞清楚英国不只是土地的实际所有权有别于其他国家，可以帮助我们更加清楚地了解现代英国状况的独特性。英国的独特性体现在其“农业收益三分法”上面，即事实上，通常有三个社会等级与土地耕种密切相关并期望从中受益——地主、佃农和农业工人。地主并不是只收取地租，他要提供农舍、畜棚、库房、围栏以及排水系统。他不仅要负责这些设施的维修保养，而且有时还要负责其大范围改造。无疑，各地都有一些不太尽职尽责的地主，但是平均而言，为了维持农庄良好的经营状态，地主花在维护、改造方面的费用会占到地租总额的 1/4 甚至更多。地主一般是将大块的土地对外出租——在英国中部，土地一般是以 150 英亩或者 200 英亩为单位进行出租；而地主收取多高的地租则要根据当地的竞争状况而定。佃农提供牲畜、生产工具和流动资金。与国外的多数农民相比，英国的佃农类似于“资本家”；佃农会雇用农业工人，而农业工人则真正需要以分期付款的方式租住村舍，他们可以使用园地以及分配给他们的物品，但主要靠自己的工资过活。在法国、德国和意大利的某些省份，也有类似英国这三个社会等级的个体。在一些地区，有一些大地主。例如，德国东部地区的地主通常亲自或让管家代为耕种自己的大部分土地；意大利或法国某些省份的地主则通常将小块的土地租给佃农，而佃农则会雇用少量家庭成员以外的其他农业工人帮助自己耕种。我们通常将这些佃农称为“对分佃农”，他们会将每年收成的一定比例（通常是一半）支付给地主来代替租金。还有些地区（例如法国北部）的佃农表面上看地位与英国的佃农类似，但他们通常拥有的资本较少，从地主那里获取的维修和基本建设费用也较少，并且租给他们土地的地主往往都是城里人（这些地主的想法和兴趣完全就是城里人的样子）。另外，在国外的多数地区都有农业工人，但这些工人的雇主多数都是他们所耕种的土地的所有者。在欧洲大陆的任何一个地方，我们都很难同时找到按照英国的方式参与生产活动的这三个社会等级。找出什么时候,可能的话,也弄清楚为什么英国在这个重要的方面与欧洲其他国家出现了差异,是英国经济史的一个研究重点,也是我们之所以从研究英国的农业状况入手的一个原因。

在过去几个世纪或者更长一段时间里,大地主一直是英国的一个代表符号。但正如最近英国一位政治家所说,有迹象表明,英国的大地主正在逐渐消失。但长期以来,他们的的确确深深扎根在英国这片土地上。至于大地主意味着什么,就让我们来看看埃弗斯利男爵(Lord Eversley)在描述“英国理想的(即拥有土地的贵族们眼中理想的)土地制度”时是怎么说的吧。

埃弗斯利男爵的这番话是大约二十几年前说的,尽管现在的情况已经有所改变,但改变不大。他说:“英国典型的土地制度……是这样的:一个行政区或通常临近的几个行政区构成一个大农庄;整个农庄只有一个大地主;整个村庄就像所有的农业用地一样都归同一个人所有;该地区所有的人,农民、商贩、工人,全都直接或间接地依赖同一个地主生活,农民租种地主的土地,通常每年缴纳一次地租,工人从地主或农民手中租住农舍,每周或每年交一次租金,村子里的商贩也要租住地主的房屋,并以为地主提供服务作为其主要收入来源。英格兰和威尔士半数以上的农村基本上都是这种模式,即本地区所有的土地和房屋都归当地的同一个地主所有。还有很多地主拥有临近几个地区,甚至是分隔多处的好几个地区的全部土地。”

我现在并不是要努力从社会学的角度总结出这种土地制度的相关优缺点。可以说,在遇到来自新大陆的处女地的挑战之前,一提起这种土地制度，人们就会联想到一些农业方法，而很多国外资深观察家都将这些农业方法视为本国应该学习的榜样。毫无疑问，这种土地制度的确推动了农业生产的发展。1854 年，法国最高权威这样写道："总的来看，英国的农业目前是世界第一，并且还在不断地发展壮大。"尽管土壤和气候条件不佳，但据该权威人士估算，英国每英亩的总产量至少是法国的两倍。德国的一位顶级权威也抱持同样的观点："拥有大片的农庄是英国的最大特色，从 18 世纪末到 19 世纪中期，英国一直被视为（世界）农业高中（High School of agriculture），这个称号英国当之无愧。"此外，尽管我们无法否认自耕农制度的存在给一个国家带来的益处，但是自耕农作为一个社会等级在欧洲近代史中所发挥的作用却很容易被过分夸大。约翰·斯图亚特·穆勒（John Stuart Mill）所著的《政治经济学》一书中有两章是颂扬自耕农的，这两章迄今为止仍是对自耕农社会地位的最佳概述，从中我们很容易就能看出自耕农制度的弊端。但我们现在要做的仅仅是追溯一下现代英国制度的起源和发展历程。现代英国制度建立的基础是封建制度：它是从采邑制度发展而来的，而采邑制度则是封建制度鼎盛时期欧洲封建制度的基本组成部分。从某种意义上来看，现代英国制度是封建制度的延续；尽管英国以不存在贵族而自豪，但今天的英国比法国和德国更封建，这样说并不为过。但是，中世纪的法国和德国也存在采邑制度。值得注意的一个事实就是：英国的地主制度尽管是在封建采邑制度基础上建立起来的，但它之所以能演化成现代这样完善的形式，却主要是商业、改革和议会政体等非封建因素推动的结果。至于过程如何，我们后面再来探讨。现在，我们先来研究一下这一基础，即采邑制度。

为此，我最多只追溯到13世纪。我们非常确定，无论之前情况如何，截止到13世纪，尚处于农业社会的英国已经被分割成了一片片大小不等的采邑。在英国的大部分地区，特别是中部和南部，这些采邑的构造都非常相似，因此，至少在这些地区，我们有充分的理由使用“典型的”或“正常的”采邑这样的字眼。典型的采邑是由一个村庄及其周围村民耕种的土地构成的。每个采邑都有一个领主，领主要么是世俗领主要么是教会团体；有时候一个采邑会有两个或两个以上的领主。（当时的）土地以采邑为单位进行管理。有些权贵可能在各个不同的地方拥有很多个采邑，例如，威廉一世的两个亲戚就分别获封了400多个采邑，还有一个亲戚则获封了将近800个采邑。但所有这些大片的地产都可视为是由多个不同的小采邑组成的，其中每个小采邑都有自己的内部制度安排及其独立的相关农业制度。当然，也有某些由众多分处各地的小采邑拼凑而成的大采邑，人们将其称为“男爵领地”和“勋位”（honour）。这些大采邑通常由“总管”或“管家”负责监管，他们会定期到各地视察，看看当地的地产负责人有没有尽职尽责。有时候，下面的小采邑每年都要向个人领主居住的“主采邑”或宗教团体所在的总部进贡规定数量的物品，但这并不影响每个小采邑的内部运作，每个小采邑都是一个完整、独立的个体。

对于现代英国人而言，有关地主的情况并不难理解，因为中世纪采邑的领主显然就相当于现代村庄的地主。现在，很多大地主都拥有多个地区的全部土地，而且这些地区常常是分散在全国各地；在很多村庄里，宗教或慈善团体、牛津大学、剑桥大学、很多大医院扮演着地主的角色，就像13世纪，很多采邑的领主由教堂或修道院组织担任一样。但中世纪和现代的情况存在两大差别：其中一个是外在差别，与土地所有理论有关；另一个是内在差别，与农业方法有关。

我们先来看外在差别。今天，"佃户"(tenant)一词仅仅是指那些租用地主土地的人；无论英国法律的理论依据是什么，事实上，我们都将地主视为其土地的绝对所有人，而不会将其视为是任何人的佃户。但在中世纪，采邑的领主本身也是"佃户"。"佃户"一词来源于拉丁文，是指从上一级手中租用土地的人。所有的土地说到底都是从国王那里租来的，当然，国王自己拥有的土地除外；但是并非所有佃户都是直接从国王那里租种土地。据计算，编制《末日审判书》(Domesday Survey)(1086年)时，英国有8,000个地主属于附庸佃户，即他们是从介于国王和自己之间的地主手中租到土地，只有大约1,400名地主是直接从国王手中租到土地，因此，我们将他们称为"总佃户"。无疑，这些人当中有很多人，无论是世俗领主还是教会团体，拥有大片封地，但也有很多人只拥有一两块封地。当时，全国大约有1/5的土地保留在皇室手中，大约有3/10的土地掌握在教会或教会团体手中，而其余一半土地则是掌握在世俗领主们手中。中世纪，这种土地分配的比重似乎没有什么改变。无论如何，采邑的世俗领主(即使把教会领主考虑进来，情况也不会变复杂)拥有自己的采邑，条件是要对自己的上级领主(国王或是中层领主)履行某些义务，并且要遵守某些保有土地的附带条件。领主需要履行的义务主要是服兵役，因此领主又被称为"骑士佃户"；保有土地的其他附带条件主要是指在领主的男性继承人成年之前要接受上级领主的监护,女性继承人要接受上级领主的指婚,这些权利最初都牵扯着巨大的金钱利益。土地保有理论是中世纪封建制度的基础,但从那以后它就失去了实际意义。17 世纪出现了雇佣兵役制。义务兵役,作为担任领主的条件,被彻底取消;而且此前很长一段时间,义务兵役制已经名存实亡。联邦议会和查理二世废除了骑士保有土地的其他附带条件,世袭特许权(收入)弥补了王室收入的损失。

因此,在向村庄地主转变的过程中,采邑领主摆脱了对上级领主的依赖。现在,让我们接着来看看采邑内部都发生了什么。为此,我们有必要研究一下 13 世纪采邑的内部结构。

英国中部和南部通常的采邑是由一个村庄或"城镇"及其周围数百英亩的耕地构成的。所有耕种土地的人都住在这个村庄里。我们现在经常见到的独立的农舍是晚些时候才出现的,当时还没有。耕地的外面是大片大片的牧场和荒地以及常有野猪出没的森林,周围有溪流的地方还会有大片的永久草地。采邑的主要作用是组织耕地的耕种。长期以来,组织畜牧活动一直处于次要、辅助地位,耕地的使用是最主要的。近年来,有些地理学家提出,在英国很多地区,耕种完全是个错误;在都铎王朝时期广泛发生过,近些年又再次广泛发生的将玉米田改种牧草的现象只不过是人类对潮湿的气候做出的迟来的让步。无论这是不是事实,此处介绍的完整的采邑制度在英国西部地区并没有全面推广开来,因为那里的土壤条件和降雨量决定了该地区适合发展畜牧业。可能正是因为这个原因,而不是因为当地的居民出身凯尔特人,所以英国西部很多郡都没有所谓的"集中居住的核心型村庄",即拥有大面积耕地的规模庞大、结构紧凑的村庄，那里有的都是一些小村庄和分散的农庄。

但是，还是让我们回过头来看看通常的采邑。它有三大显著特征。第一，采邑中所有的耕地分成两部分：一部分（大约1/3或一半）掌握在领主手中，按其指示进行耕种或掌握在代表领主的代理人或采邑总管手中，其收益全部直接归领主所有；另一部分则掌握在佃户手中。前一部分耕地被通称为“领地”，后一部分则有很多不同的叫法，其中最常见的叫法为“维兰土地”。在爱尔兰，“领地”一词也保留了下来，意思跟英国差不多。我们很容易就能想到，“领地”与现代的“自营农场”类似，由地主拥有，自行或通过其代理人进行管理，尽管通常领地在采邑中所占的比重远大于自营农场在现代“私有土地”(estate)中所占的比重。

再让我们来看看采邑的另一个也是更重要的特征，即领地所需要的劳力均由耕种采邑其他土地的佃户提供。除了在收获时节及其他用工需求特别大的时节需要提供额外的劳务（这种劳务通常被称为“布恩日”）以及大量的义务马车运输服务之外，佃户的主要成员，即那些被称为杰出村民的人（因为杰出的村民似乎是“维兰”一词的原意），有义务一年到头每周都要到领地上服两天或三天的劳役。这就是所谓的“周劳役”。我们马上就能意识到这种义务在当时整个农村生活中发挥着多么重要的作用。我们可以将这些劳役视为佃户为了使用土地而付给领主的“地租”，或者将使用土地视为领主因佃户提供服务而给付的“工资”。事实上，“地租”和“工资”这两种叫法都与当时的情况不符，因为除了其他原因以外，这种制度赖以存在的基础是惯例和地位，而不是竞争和合同。

为了完整起见,我们还要补充一点,即佃户通常还有义务定期向领主提供少量禽、蛋之类的实物;但跟需要提供的劳役相比,这种义务是微不足道的。

采邑的第三个特点跟我们现在熟悉的东西相去更远,那就是:维兰持有的土地不是由我们今天所熟悉的集中在一处、面积有好几英亩的大块田地构成的,而是由数块零星分散在整片耕地中的面积只有半英亩或一英亩的条状地块构成的。一片耕地通常被分成两块、三块或四块(通常是三块)大片的土地;因为在这些大片的土地上没有任何遮蔽视线的篱笆、壕沟、围墙或栅栏,不同条状地块之间仅以低矮的、未耕种过的、长满野草的田埂隔开,因此后来人们将这样的大片土地称为敞田。将耕地分成两块、三块或四块的目的是为了系统性休耕,视耕地所分块数的不同,每年会留出1/2、1/3 或 1/4 的土地不进行耕种,以实现原始的农作物轮作。三圃制是自 13 世纪以来英国最常见的一种轮作制度。在三圃制下,其中一块土地会在秋天种上黑麦或小麦(谷类作物),另一块会在春天种上大麦(饮品作物)或者燕麦、蚕豆或豌豆等牲畜饲料,而第三块则处于休耕状态。每个采邑中所有敞田使用者都必须遵守轮作制度。在敞田更为普遍的德国,人们发明了一个专门的术语“Feldzwang”用来描述“强制实行轮作制的田地”。中世纪的英国并没有类似的术语,大概是因为轮作制是理所当然的事情,因此根本不需要专门命名。

当时,在每个采邑中,维兰所持有的土地都有一个最常见的或最具代表性的规模,人们为它取了各种意味深长的名字,例如“维兰土地”(husbandland)、“维兰财产”(living)等,但最常见的是用量杆或码进行命名，将其称为“雅兰”(yardland)或在拉丁语中称为“维尔格特”(virgate)。各个地区维兰土地规模差别很大，但最常见的规模为30英亩(分散的)：在实行三圃制的村庄里，正式的维兰在每圃地中都持有大约10英亩土地，并且其中没有任何两块地是挨在一起的。当时英亩所表示的面积很少与现代法定的英亩面积一致，而是随着当地风俗、土壤特点以及土地所在位置的变化而变化。最初，一英亩，就像德语里面的“摩根”一词一样，一定是指当时的犁队使用当时的工具和手段一天或多半天能够犁耕的面积。当时，一般上午使用耕牛拉犁耕田，下午则把牛赶到牧场吃草。但早期的时候，在英国，就像在西欧的很多地区一样，英亩的形状不知何故固定为长度为宽度十倍的窄三角形。长度是指犁沟的长度，因此也叫“弗隆”。这个长度通常是量杆长度的40倍。但长期以来，各地量杆的长度各不相同；后来，各地量杆的长度才慢慢统一固定成了“标准布码”的5.5倍。三角形的宽度是当地量杆长度的4倍。因为40量杆长、1量杆宽的条状土地的面积为“1路德”〔当地也常称为“1兰德”(land)〕，所以1英亩可以被称为并排排列的4路德。但我们很容易就能想到，在坚硬的土壤中一上午犁耕的面积要比在松软的土壤中犁耕的面积少。

还有一个事实需要谨记。正如中世纪和现代我们所知道的那样，大面积的敞田被分成了一些面积稍小的地块，每个地块都包含一群或者说一组相同走向、相互平行的面积为一英亩或半英亩的条状地块。人们将这些小块的土地称为“节链”(shots)、“平地”(flats)，或更常见的一种称呼为“弗隆”，之所以这样叫，大概是因为其宽度等于犁沟长度的缘故。情况或许是这样的：在某个时候，为了根据田地的形状将其分成尽可能多的条状地块,人们有意识地将被称为“田地”的大片土地分成了这些不同的地块(这些地块又进一步被分成了相互平行的面积为1英亩的条状地块)。或者是像某些人推测的那样,由相同走向的一些条状地块构成的弗隆(从这个意义上来讲)或许代表在某个时候由人们单独或共同新开垦出来的一块土地;因此,后来形成的大面积的田地或许仅仅是将并排排列的几块荒地相继开垦出来的结果。但是,无论这种制度最初是如何形成的,有一点可以肯定,那就是:宽度相同且较窄的面积为1英亩的条状地块要比长度相同且较长的面积为1英亩的条状地块更容易得到充分的利用。因此,不同地区通常或标准的英亩与正规大小之间往往是差在长度而不是宽度上。无论每个采邑规定多大面积为1英亩,正如我所说过的,通常1雅兰都等于30英亩。持有1雅兰全部或部分土地的佃户同时也按照其持有土地的比例获得了附属于土地使用权的公用牧场和草地的使用权。通常,在草地面积有限的地区(通常各个地区的草地面积都比较有限),收获的干草常常通过抽签或轮流的方式在佃户之间进行分配;同样,牧场的放牧权,既然实行“按比例分配”,也要根据佃户持有耕地的数量进行分配。

我想补充一点:领地本身与公共田地或敞田并不是分开的。领地也是位于敞田之中,几乎完全由面积为1英亩或0.5英亩的条状地块构成,并且与维兰的条状地块混在一起。领地逐渐与公用土地分开并聚集到领主宅邸附近是中世纪晚期悄然发生的变化之一,对于这一时期我们所知甚少。

为了讨论起来更简单,到现在我们都没有提过除维兰群体以外的其他社会等级，而这些社会等级无疑也是存在的。当时还有一定数量的“自由土地持有人”(free-holders)以及“索克曼”(socmen)，他们都是领主的佃户，只不过他们租种土地的条件在大家看来比维兰更为宽松。在一些地区还有一个人数不断减少的群体，无论人们是否将他们称为“奴隶”，他们都是处于极其受奴役的地位。这些社会群体与严格意义上的村民或维兰之间的关系很难说清；但有一点非常明确，即在全国大部分地区，他们都是采邑中比较次要的依附者。然而，还有一个更加重要的社会等级，叫作“茅舍农”(cottars)。茅舍农的数量大概与维兰不相上下。按照伯恩斯(Burns)的简明划分法，苏格兰低地农业人口可以分为三类——“领主、佃户及茅舍农”，这种划分法在中世纪的英国也同样适用。通常，茅舍农仅持有2英亩或3英亩，最多5英亩土地；他们中的很多人大多数时间可能都要为更富裕的维兰工作。从历史学的角度来讲，这个社会群体很有研究价值，因为它无疑是现代“农业工人”群体的主要前身之一。但显然，整个制度的核心是“维尔格特土地持有者”(virgate-holders)或“雅兰土地持有者”(yardlings)群体，因此，我们肯定要把注意力放在这两个群体上面。

现代的“农奴身份”(serfdom)一词非常准确地描述了雅兰土地持有者以及比他地位更低的茅舍农的社会地位。可以说，整个农业制度，也就是说当时大多数经济活动制度都是在农奴制的基础上建立起来的。当然，英语里的“serf”一词就相当于拉丁语中的“servus”，意思是奴隶。但在现代人看来，从严格意义上而言，“农奴身份”和“奴隶身份”是有很大差别的。农奴身份指的是一种依附关系。在这种关系中，依附者被土地所束缚，并且要承担繁重的义务。无论严格从法律上来讲是自由的还是不自由的，依附者都可以享受独立的家庭生活，被依附者不得将其卖到远离其家人和土地的地方去。此外，依附者至少对自己通过劳动获得的动产享有财产权。这种描述也完全适用于中世纪的英国农民：尽管我们发现不可能从中世纪任何一个法学家那里找到有关农民地位自由还是不自由的界定，但上面的描述完全符合当时农民真实的生活状况。正如我已经清楚解释过的，农奴身份显然是介于奴隶身份和自由身份之间的一种中间状态。所有笼统的历史总结都需要有大量的限制和例外才能让它们变得更准确。历史发展从来不是一成不变地朝着一个方向进行的。历史发展过程中必然会有起伏，会有进步和倒退。但从广义的角度大体而言，我们可以说，在古代传统世界，经济社会是在奴隶制的基础上建立起来的。我们回想一下，亚里士多德就认为奴隶制度理所当然是文明社会的必要组成部分。不管怎么说，从理论上来讲，现代世界最终是建立在个人自由和契约自由的基础之上的。所以，总的来看，我们可以将中世纪的农奴制度视为一种社会进步。

但是，如果我们想要进一步探究总结出来的结论，想要搞清楚中世纪的农奴制度到底是怎样形成的，我们立刻就会发现自己陷入了一场争论。我是从 13 世纪讲起的，因为来自这一时期的大量证据让我们对这一时期形成的农奴制和采邑的主要特征确信无疑。选择这样一个安全的出发点，我们就可以不必费神去考虑农奴制和采邑的起源问题（除非我们想要考虑），而直接研究其此后的发展情况。但是，我不能什么也不说就给大家留下这么大的一个问题。我说这是一个很大的问题，因为它牵扯到了整个西欧和中欧。不仅很多英国历史学家在忙着研究，很多或者说更多欧洲其他国家的历史学家，尤其是德国的历史学家，也都在疲于研究。英国的采邑及其他国家类似采邑的组织（法国的 seigneurie、德国的 Rittergut）都可以分成领主领地和其他土地两部分，农民所持有的土地都有一个最常见的规模，通常是 30 英亩，佃户一年到头每周都要到领地上服两到三天的劳役，采邑中强制实行种庄稼与休耕轮作制度。以上几点跟封建土地保有理论、骑士制度以及教堂的建立一样，在整个西欧和中欧是普遍适用的，在德国东部，这些特点一直保持到了 19 世纪。

大约 60 年前，人们第一次开始认真关注这个问题。当时给出的解释是，采邑及欧洲其他国家类似采邑的组织的建立是村庄自由民群体没落的结果。广泛流行的一种观点将这些假定的最初的自由民群体视为他们所耕种的土地的共同所有人，认为后来采邑的领主是取代了先前的共有制。这就是被称为“马尔克”（mark）或“自由村落理论”的“原始自由民”观点——马尔克本身就是一个德语词，意为一群人共同所有的区域。但也有人反对这种观点。他们认为，在高卢的大多数地区，后来的 seigneurie（法语里类似采邑的组织）是直接从那些由处于半奴役状态的佃户耕种的大地主的庄园发展而来的；而据我们所知，这样的庄园早在罗马人统治后期就已经出现了。因此，我们可以推测 seigneurie 的起源是直接或间接模仿的结果，其他地区类似 seigneurie 的组织也是一样的。因为这样的庄园我们一般称为农庄（villa），所以我们可以简单地将这种观点称为“农庄理论”。随后，又有人指出，无论是入侵罗马帝国的日耳曼人，还是早在罗马人统治时期就住在那里、后来日耳曼人迁入后或多或少幸存下来的凯尔特人，都不是全部由自由民组成的——他们当中，奴隶的人数至少不少于自由民人数。因此，在现在英国、法国和西德所在的这部分地区，至少有四组可能的因素需要考虑：(1)在罗马人统治之前以及罗马人统治时期，凯尔特居民当中的社会状况；(2)彻底罗马化的地区中的社会状况；(3)日耳曼移民当中的社会状况；(4)从蛮族入侵到有明确证据证明农奴制和采邑制发展成熟的这段时期，在西部新王国中发挥作用的各种因素。可以说，今天的历史学者没有一个完全支持“马尔克”理论或“农庄”理论。现在，有关这一命题，人们可能达成了以下共识：日耳曼人(包括丹麦人)的入侵导致大量“平民身份的自由民”在今天英国所在位置的很多地区定居下来，他们单独一人或一小群人定居下来，开始开垦土地。另一方面，人们倾向于认为，在高卢，罗马的农业制度，“农庄”及其里面被土地所束缚的奴隶或农民不可能彻底消失，甚至在英国的部分地区，这种农业制度也留存下来。在历时几个世纪之久的漫长的采邑化过程中，即使是在一开始居民主要由自由民构成的地区，罗马农奴群体的榜样可能也产生了很大的影响。然而，要想得出一个明确的、令人信服的结论，我们还有很长的路要走，我们需要弄清楚跟这个问题有关的各种因素在其中到底发挥了多大的作用。

这些因素大体可以归为两类：公共因素和领主因素。采邑生活中的公共特征都与敞田中大家的土地都混在一起这一制度密不可分，因为混在一起本身就需要或者会导致大量的合作和共同行动。因为其土地是混在一起的，所以多个耕种者不得不遵守共同的庄稼轮作制度。由于同样的原因，再加上各个条状地块之间不存在篱笆或栅栏，佃户们不得不由着伙伴们行使“共同权利”。所有佃户的牲畜都必须赶去地里，让它们自己去啃食庄稼残茬，或赶到当年休耕的田地里进行放牧。公共牧场或荒地都没有分开，因为几百年来，这些牧场或荒地都是幅员辽阔，不值得划分；习惯一起耕种土地的人雇用村里同一个牧工、牧羊人和猪倌也是自然而然的事情。我们可以推测，将大家的土地混在一起这种做法的最初目的是为了在所有土地使用者之间公平地分配土地，让每个人都能公平地分到一部分好地和一部分坏地。当时人们确实抱着这种目的，这一点不足为奇，因为在那个时候改良贫瘠的土壤几乎是不可能的。由于没有人工草地，干草很少，因此，当时的牲畜很少，仅有的牲畜也都长得极其瘦弱，所以能够用作肥料的牲畜粪便也很少。我们还可以进一步推测，在早期的时候，把土地分成条块状的做法是合作犁耕制度的结果。之所以自然而然地将面积为1英亩的条状地块逐一分配给小组成员，是因为1英亩是一天可以犁耕的面积。威尔士采邑形成之前的状况证明，每个维兰之所以持有同样数量的分散在各处的面积为1英亩的地块，是因为他们每个人都可以为八头牛构成的犁队贡献一对共轭牛。但为什么面积为1英亩的地块是那种形状，为什么每个维兰通常持有30英亩土地，为什么耕地通常被分成三圃，这些问题我们都还没搞清楚。追溯到采邑制形成之前或“部落”时代，这些制度在多大程度上是自由选择或模仿的结果，在多大程度上又是强制或上面提到的某种压力造成的，都还有待确定。

而领主因素是指专门与采邑领主的地位密切相关的一些因素：领主对土地的管辖权及基于管辖权获得的其他权力，特别是他以领地的名义获得了采邑中大半的耕地(无论是独立封闭的还是与其佃户的条状地块混在一起的),而且领主还享有公认的权利,可以将榨取佃户的劳役作为耕种其领地的必要条件。之所以要限制维兰的人身自由就是为了维持采邑中的劳动力数量不减少并把这些劳动力都束缚在土地上,而采邑法庭最常做的事情就是要让领主能够持续获得身强力壮的佃户并迫使他们提供习以为常的劳役。

显然,即使领主和佃户没有像采邑中那样分开使用土地,敞田耕作方式也会出现;另一方面,即使不存在敞田制度,领主也可以行使很大的管辖权,也可以真正榨取劳役地租。对采邑组织的分析或许可以为我们找出采邑起源问题的答案指明方向。无论如何,这一分析都可以帮助我们了解采邑衰落的历史。

第二讲 工业发展的几个阶段：从行会讲起

在追溯英国农业发展史时，为了避免争议，我是从 13 世纪开始讲起的；为了同样的目的，有关英国的制造业或工业发展史，我将从 14 世纪开始讲起。早在 14 世纪之前，一些城镇已经稳固发展起来，在那些城镇里，贸易和制造业已经具备了较大的规模，但跟农业就业人口相比其规模还是要小得多。14 世纪快要结束之时，每个城镇中从事各种工业生产的人被组织在一起，建立起了我们常说的“行会制度”。因为选择从这么晚的一个时点开始讲起，所以我不得不省略掉很多我很感兴趣的内容。正如我已经说过的，行会制度是城镇工业的一大特点。实际上，除了乡村磨坊主、乡村铁匠以及分散在各处的一些矿井和采石场等行业之外，跟农业没有直接关系的所有经济活动在这个时候以及未来很长一段时间里都集中到了城镇里。因此，如果时间允许的话，我们应该讨论一下城镇的起源及其构成这一复杂的问题。城镇的发展意味着社会上出现了非封建和非农业势力，非奴隶身份的中产阶级越来越多，出现了与遵照风俗行事截然不同的按契约办事的观念以及与过去用实物或劳役支付不同的用货币支付的做法。类似这样的发展，不仅对城镇产生了重大影响，正如我们在后面将会看到的那样，它们也对周围“开放乡村”中的封建社会产生了缓慢但极具瓦解性的影响。

因此，有人指出，英国的很多城镇最初是因为防御的需要才出现的，县城是周围各郡的防御要塞。在某个时候，整个英国中部地区被人为划分成了不同的区域，因为“郡”就像“地区”一样，是指被剪下来或切下来的一块；在每个地区的中心，都建起了大本营。其他城镇的出现，有的是因为那里有国王的宫院，有的是因为那里需要大教堂或修道院，有的则是因为在宗教朝圣的地方存在大型市集。我想要讨论城镇最初是如何建立起来的：是在采邑组织中建立起来的，还是在市场特权下建立起来的；是有意识地建立起来的，还是无意识地建立起来的；是慢慢建立起来的，还是快速建立起来的。我还想弄清楚城镇居民是如何获得某些自治权，如何建立他们自己的市政法庭的。在强调完城镇所特有的城市特征之后，我终究还是要评论一下很多小城镇直到较晚期一直保留着的惊人的农村特征。因此，很多城镇居民常常像普通村民一样仍对敞田和共有权非常感兴趣。

但现在我要略过所有这些。我只能谈一种跟城镇生活密切相关的发展过程，那就是有别于制造业的商业的开端。大约 30 年前，或者是在大批的英国工匠出现之前，大量的贸易就已经出现了，当时买卖的商品主要是像羊毛和羊皮这样的土特产或像上等布料、丝绸、香料、葡萄酒等从国外进口的奢侈品。早在 12、13 世纪，在每个城镇中，从事这种贸易的人都被组织在一起成立所谓的“商人行会”。说来也怪，伦敦是个例外。事实上，最近曝光的文献显示，在首都伦敦也曾经出现过商人行会。然而，这里使用的这个称呼可能只是重复流行的叫法，我们并没有其他的证据证明伦敦曾经出现过这样的组织。但这可能仅仅是因为当时在伦敦有其他方式可以实现商人行会的目标。商人行会无疑在中世纪市政府成立过程中做出了重大贡献。在老一点的市镇，人们通常将市政府称为“市政厅”(gildhall)，这就是商人行会影响力的一个证据。早期的手工业行会可能就是模仿商人行会组织的形式建立起来的。但商人行会与手工业行会之间准确的关系到底是怎样的，这个问题依然存在争议，因此我只能简单地提及这样一个大而奇妙的研究领域。

说到中世纪后期的产业组织，现在我们最常用的字眼就是手工业“行会”和“行会制度”。如果我们了解这两个词代表的是什么，并且知道从现在它们所表达的意思来看，这两个词属于现代词汇而非中世纪的词汇，那么这两种叫法还是非常令人满意的。截止到 14 世纪末或 15 世纪初，每个行业，即使是只需要具备少量技能的行业，都成立了由从业人员构成的系统化的组织。法人组织慢慢发展起来，并且，每个城镇的每个行业的法人组织特点都极其相似，这些法人组织在当时的社会生活中发挥了重大的作用，并且注定会对此后的几百年产生实际的影响。但在 14 和 15 世纪，人们一般将这些组织称为“crafts”或“misteries”(“misteries”是诺曼时代英国人使用的一个法语词，相当于法语里的“métiers”，这个词起初一点都不神秘，意思跟“crafts”正好相同，都表示手艺)。例如，在 14 世纪的语言中，制帽工的“craft”或“mistery”不仅是指制帽工的技能，而且更直接的意思是指被视为拥有某些权利和责任、可以共同行动的一个制帽工团体。

进入15世纪，人们越来越常使用“公会”(companies)一词来称呼这些团体。从那时起，在伦敦，公会与这些团体就紧紧地连在了一起。有些公会，例如一些城镇中的纺织工公会，由来已久，最早可以追溯到12世纪上半叶，这的确是事实。事实上，这些早期的手工业团体最早被称为“行会”，而且在它们的官方和正式称呼中也保留了“行会”一词。但到了15世纪，“行会”作为手工业公会的称呼不再流行；到了16世纪，“行会”一词即使不是专门也几乎都是用来称呼宗教互助会了。

之前盛行、迄今仍未结束的有关行会制度起源问题的争论几乎完全是指早期的手工业“行会”，它们当时真的被称为行会。我禁不住会想，它们给后来的发展带来的影响有点被夸大了。任何一个能够冷静客观地看待14世纪的证据的人都会认为，手工业组织的出现和普遍发展是当时的环境自然的产物，不需要从我们了解更少的更早的时期中寻找答案。一般而言，14和15世纪的行会制度不是突然暴动的结果，不是手工业者们为了得到自主权采取有阶级意识的行动的结果，也不是自私地争取垄断收益的结果，而是两组力量逐渐地、几乎是无意识地共同作用的结果——来自下面的力量，倾向于联合与联盟，而来自上面的力量，特别是市政府施加的压力，倾向于共同的责任。这两组力量都需要进一步的解释。

中世纪城镇中从事每种特定职业的人通常选择在同一个地区毗邻而居，因此常常会出现某些街道或地区几乎住的都是从事某种职业的人的情况，很多老城镇的街道名称就可以充分证明这一点。因此，这些人自然而然会加入同一家教区教堂。习惯于站在或跪在同一间教堂的同一个角落里的从事某种特定行业的手工业者往往会组成“兄弟会”或“互助会”，在有成员去世时举行悼念仪式或在守护神节日的时候举行仪式纪念所有逝世的亲人。这些互助会只不过是一些宗教俱乐部，可以被简单地称为“合作式教堂”。实质上，它们就像它们旁边那些由不同属于一个行业的群体成员组成的无数其他宗教互助会一样。如果一个宗教互助会是由城镇中从事同一行业的大多数成员构成的，那么它关注的全都是跟本行业有关的事务，这也很容易理解。在某些情况下，有可能从一开始互助会就是行业组织的一个有意识的幌子；但是行会内部的互助会形成的主要原因还是要从当时的宗教习俗以及同业者毗邻而居的事实上来寻找。

那个时代非常看重宗教救济义务，这些宗教俱乐部自然会去帮助有困难的成员。而且，在教堂的某些重大节日，城镇的街道上会演出神秘剧或宗教剧，这种做法流行起来以后，手工业者们当然想要参加。每个行会的人年复一年承担起演出部分宗教故事的责任，这逐渐成为一种惯例；并且人们会尽可能演出跟自己的日常工作最接近的故事。因此，酿酒商会演迦拿的婚礼，蜡烛商会演东方之星，而造船工人则会演方舟的建造。由于“神秘剧”(mistery plays)最初是 misteries 或 crafts(即手工业行会)演的，便因此而得名。有些神秘剧，例如约克、切斯特和考文垂的神秘剧，都流传了下来。这些神秘剧是后来在伊丽莎白统治时期快速繁荣起来的戏剧的源头之一。长串的神秘剧名单表明，在各种规模的城镇中人们从事的行业可谓琳琅满目。

虽然这些宗教和社交冲动自发将手工业者聚集在了一起，但是他们却是通过其他非常不同的方式才意识到了他们是一个共同利益集团。当时的公共舆论倾向于保护购买者不会因为具有欺骗性或有缺陷的工艺而蒙受损失。偶尔，尽管或许不是经常，某个行业的人发现他们的手艺因为本行业个别人的欺诈行为而“受到了诋毁”（他们自己是这样说的），因此，他们自己会去找地方行政官要求任命有权威的“监察员”或“分析专家”。然而，无论某些行业的人是否想要接受管理，市政当局都越来越坚定地认为为了发现和惩处“欺诈”行为，应该对每个行业进行适当的监管（当时称为“观察”）。因此，市政当局逐一责成各个手工业者群体从其内部选出一些人负责同行们的工作和行为。有时，就像下面这条伦敦的法令一样，市政当局也会发布一些类似意思的大体的指导意见：

“按规定，伦敦市所有的行业都应该根据本行业的特点、选择适当的方式依法加以管理和控制，以杜绝各个行业中的欺诈、造假和欺骗行为，从而维护各个行业里好人的荣誉和人民的共同利益。每个行业都应根据本行业的需要选出四个或六个人让他们宣誓就职。这些选出来宣誓就职的人将获得市长的全权委托以适当、合法的方式从事和履行同样的职责。”

各个行会以这种方式被强制组建起来挑选各自的监察员和管理人，它们也利用这个机会为政府起草了各自的行业规则。这些规则最初都不是很严，仅仅是规定了纯正工艺的某些简单标准。但很快，它们的管理范围就扩展到了学徒制和行业准入。接着，这些“条款”、“条例”或“要点”被提交给了市长或市议员以便获得批准，在市政文件中获得备案。行业规则的总体架构在15世纪就已经搭建起来了，后来通过获得国王的特许，又明确地将几乎是不知不觉间自己逐步制定出来的一些具体规定都吸纳了进来。

各个行业的历史显示，不同的行会之间以及不同的城镇之间都存在很大的差别，我们很难理清到底是什么因素促使各个行会建立起来。在某些情况下，行会本身就负责组织宗教仪式以及帮助生病或贫困的行会成员。在更多的情况下，我们可以明确地在行业群体内部找到独立的宗教互助会组织，而它与行会组织是脱离的。但无论是为了宗教和社会合作自发形成的，还是因为市政当局的强制规定组建起来的，行会的建立都增强了成员间的行业团结意识。结果是，到了 15 世纪中期，英国所有的城镇无一例外地都建立起了行会组织，并在行会组织的基础上建立起市政机构。这种整齐划一的情况，就像采邑制度一样，蔓延到整个西欧。伦敦、巴黎、纽伦堡和佛罗伦萨的行会组织在形式和功能上基本上是一样的；在稍小点的城市，加上必要的限制，情况也基本都是这样。北部和东部落后一些的国家甚至会模仿富有的邻国——苏格兰模仿英格兰，波兰和德国东部模仿莱茵兰。但是，我不知道西欧各国存在直接的模仿，我们也不需要用模仿来解释事实。显然，每个地方的这些同样的机构都是因为同样的原因、以同样的方式发展起来的。这些原因就是同样的知识、社会和经济状况。在每个地方，工业只能在城镇中得到庇护、开拓市场；在每个地方，自然群居将每个行会的人聚集在一起；在每个地方，公共舆论都要求对各行业进行监督和管理；在每个地方，生产规模都很小；在每个地方，工业生产都是在作坊里由一到四个人在没有机器协助的情况进行的；在每个地方，技能和名声都比资本重要。行会制度看起来的确是工业发展必不可少的一个阶段。中国现在的行会证明，中世纪欧洲行会的概念及做法依然在积极地发挥作用。

人们做了大量的工作试图区分工业发展的不同阶段,并得到了回报。我说得到了回报是因为深入了解某种状况的本质特点的一个最佳方式就是将这种状况跟其他的状况进行比较。我们必须小心,不要让我们对阶段的划分变得太过死板,但这应该不难。我们还要考虑到可能——实际上是很可能——存在过渡的和中间的阶段。当然,我们绝不能认为每个国家,甚或每个产业,都必须经历所有这些阶段。一些新兴国家,例如我们的殖民地,如果具备必要的条件的话,自然是以那些古老的国家已经到达的阶段为起点;而且正如我们在后面会看到的那样,一些新兴产业,例如棉花产业,一开始采取的就是现代的一些老产业经过几百年的发展才有了的组织形式。

谨记上述几点注意事项,我们可以将中世纪和现代工业发展史大体划分成四个阶段。现在不去考虑古时候的情况是比较明智的一种做法。

首先,在第一个阶段,根本不存在独立的专业手工业者群体,有别于农业活动的所有所谓的"工业活动"都是为了满足自己的需要、由主要工作是种地或照顾牲畜的人在家庭内部进行的。在这个阶段,除士兵以外的所有人依然主要从事农业活动;但是,土地耕种者会制作自己的衣服、家具和用具,而他们做出来的东西在家庭以外的地方几乎没有"市场"。专业手工业者的出现是工业发展史上的一大进步:这些人尽管可能拥有归自己耕种的少量土地,在某种程度上可能的确收取农产品作为报酬,但他们的主要身份已经是手工业者了,例如织布工和锻工。这种跟农业和工业相似的专业化是最早、最著名的一个劳动分工的例子，它所带来的好处亚当·斯密已经在其著作中论述过了。在这个阶段，手工业的生产规模还很小，生产活动往往是在顾客家里、小作坊里或手工业者自己住所内部或毗邻的房间或棚屋里进行的，并且生产者和消费者之间没有中间商。生产者可以使用消费者提供的材料；而如果他自己购买材料的话，那么他出售的不光是"劳动"，还有"商品"，他直接跟住在附近的一小群主顾进行交易。从现代商业和经济学的角度来看，当时存在"市场"，但规模很小，并且只涵盖附近的地区，生产者可以直接接触到市场；但实际上，在其他一些行业里，有时候市场不是由最终的消费群体构成的，而是由手工业同行构成的。第三个阶段形成的标志是各种中间商的出现。中间商是在自己的小型家庭作坊里制作产品的实际生产者和最终购买者之间的中间人。市场的扩大导致了中间商的出现，而中间商的出现又促进了市场的进一步扩大。最后，随着昂贵的机器和大规模生产的出现，工业发展进入了第四个阶段——我们在现代工厂和车间里常见的场景出现了。在这个阶段，资本的所有者或控制者不仅找到了市场，而且还会组织和管理实际的生产过程。我们很难给这四个阶段起出简单而又不会令人误解的名字。人们通常将它们称为(1)家庭或家户制度、(2)行会或手工业制度、(3)家庭生产或家庭工业制度、(4)工厂制度。但是如果我们记住各个阶段的基本特点，就无须使用这些名称。关于第三和第四个阶段，后面我们会详细论述。现在我们要讨论的是第二个阶段，在这个阶段，已经出现了独立的产业阶级和市场或消费者群体，但市场或消费者群体规模有限，而且是地方性的。考虑到行会只不过是在当时的条件下不得不采取的组织形式，将这个阶段称为“行会制度”足够准确。一定数量的专业手工业者一出现就几乎都集中到了城镇中。

现在，让我们更仔细地来研究一下公会组织。手工业公会不只是一个由一些在一个城镇中从事某种特定行业的人组成的团体；在观念上以及几乎在事实上，它是由所有从事某种特定行业的人组成的团体。这就是说，公会一旦稳固地建立起来，不加入公会的人都无法在该地区从事这个行业。强制会员身份不仅是追求自我利益的必然结果，也是承担强加在这个团体身上的公共责任的必然结果。人们只能期望各个行业的代表为愿意接受其领导的那些人的良好行为负责。强制会员身份跟垄断是一回事儿。但是，正如这种叫法所蕴含的那样，这种垄断的特点取决于有资格的人获得行业准入的难易程度。在之后的几百年，手工业公会一直以极其垄断的方式使用其特权，这一点毋庸置疑。例如，我们都知道，在18世纪中期，锤业者公会是如何阻止詹姆斯·瓦特(James Watt)在格拉斯哥城当仪器制造商的，以及他后来是如何在格拉斯哥大学的管辖区寻求庇护的。但在其发展的早期阶段，手工业公会排外的做法似乎并没有带来明显的危害。很早的时候，对那些来自其他城镇的成年手工业者来说，手工业公会或许的确在他们获得行业准入的道路上设置过障碍。但在当时，实际上很少有人想要从一个城镇搬到另一个城镇。

就像在西欧的其他国家一样，在英国，在从事各个行业的人当中出现了三个明显的等级次序。第一个等级是“师傅”(masters)，即工会的正式成员，他们有权自己开店。师傅与现代“masters”所代表的雇主不同，因为他们当中很多人都是自己工作，并未雇用他人。第二个等级是“学徒”(appentices,在法语里是apprentis),即正在学艺的成年或未成年的男性。按照“伦敦的惯例”,他们的学徒期一般固定为七年。为所有行业制定统一的、相对较长的学徒期,是英国的一大特色,在法国没有这样的规定。第三个等级是“熟练工”(journeymen,在法语里是journée),即按天获取报酬的人,跟学徒不同,他们不受长期契约的制约。想做熟练工的人也必须服满七年的学徒期,后来这慢慢成为了一种规定。我们没有必要详细地讨论学徒和熟练工之间的区别,因为虽然总体情况发生了巨大的变化,但这两个词以及它们所代表的含义在一些行业和地区早就出现了,并且沿用至今。但有一点我们最好还是搞清楚,那就是中世纪任何一个手工业公会中公会团体都不会组织合资或任何联营交易性质的活动。与此最接近的做法就是有些公会规定,所有愿意受益的成员可以共享以优惠条件购买材料的机会。除此以外,每个师傅都可以自由地使用自己的资金,自担风险,自负盈亏做生意。使用一个后来流行的词来讲,行会组织可以“管理”每家企业,但并不能取代它。

19世纪工潮期间,很多人非常遗憾地回顾了中世纪的行会制度,并梦想着能够恢复它。后面我们将会了解到:16世纪,随着资本的出现和市场的扩大,行会制度被摧毁了一半;18世纪,机器的使用以及随之建立起来的工厂制度将行会制度彻底摧毁。从经济角度来看,恢复行会制度是不可能的。不仅如此,崇拜过去的人无疑是抱着过于不切实际,甚至是感情用事的心态在看中世纪的手工业。各个阶级和行业都会自私地考虑自己的切身利益,其自私的程度远远超出了其他阶级和行业的容忍度,并且各个阶级和行业的切身利益之间存在更多的摩擦。然而,任何一个人在思考14—16世纪的行会历史时,都会注意到:在更擅长反思的当代人想到之前,公平理想就已经隐约浮出水面了。我们可以将这一理想概括为维持公平、合理的生产和销售环境以保护生产者和消费者的利益。在很多行业中,工匠师傅兼具生产者和商人的职能;如果嫌"商人"这个词太讲究的话,我们还可以说工匠师傅兼具生产者和小商贩或店主的职能。正如沃尔特·斯科特爵士(Sir Walter Scott)在《尼格尔的家产》(*The Fortunes of Nigel*)一书中描述的那样,师傅要购买自己的材料,然后由他的学徒将在店里生产出来的货物卖给从街上经过的行人。当然,在有些行业,例如建筑业,由于行业特点的关系,这种做法是不可能的。此外,工匠师傅通常还身兼雇主和技师两种身份:如果雇用学徒或熟练工,或者同时雇用学徒和熟练工的话,在不需要接待顾客的时候,师傅一般会跟学徒或熟练工一起工作,做一些比较精细的活儿。公众最想要的就是货物质量好或质量符合标准。这也是由行会会长和城镇管理部门负责的整个监管制度的主要目的。很多规章制度(例如禁止夜间工作的规定)都不是主要为了工人的利益而制定的,而是为了公众的利益而制定的;也就是说,制定它们的目的是为了便于进行必要的监管,防止妨害公共利益。这些规章制度会让我们想到现代基于人道主义的工厂立法。通常,确定价格似乎不属于监管的范畴;但是,当时教会道德教育的一项基本内容以及城镇统治阶级的基本观点为:每种货物都有一个"公平价格",货物的售价既不能高于也不能低于这个公平价格。一旦需要,就像对面包店主、客栈老板和酒商那样,为了保护大众的利益,公共机构会毫不迟疑地介入，并制定一个不能超过的价格范围，任何超出该价格范围的人都将被处以重罚。

关于行业准入：我们要记住一点，在整个中世纪，人口增长速度都非常缓慢。只要产业工人和总人口保持同比增长，并且其增长速度不超过大众购买力的增长速度，那么通常，普通学徒可以期待，在学徒期满且再做几年熟练工之后，就能够自己开店，以他们那个阶层普遍认可的方式谋生。同时，在小作坊里，雇主和雇员之间的关系带有家庭或家长制的特点。我们不能说实际上存在根据行会或市政当局的规定确定熟练工工资的完整和统一的惯例。但这仅仅是因为人们没发现有必要这样做。但是，工资必须公平或合理（每种劳动都有一个可以确定的公平或适当的报酬），这一原则就像“公平价格”原则一样得到了人们的普遍认可——实际上，公平工资原则仅仅是公平价格原则的一部分。事实上，在很多时候，行会机构（在得到市政当局批准的情况下）或者市政当局（如果行会行动太慢的话，市政当局会亲自出马）会干涉和调节熟练工的工资水平。

我们能说当时已经出现“劳资问题”了吗？这完全取决于我们所说的“劳资问题”指的是什么。如果我们所说的劳资问题是指生产活动的顺利运行需要有大量的资本，而这些资本全都由雇主独自掌控，在这种情况下，如何以最佳方式调整只有劳动可以提供的多数人与雇用他们的少数人之间的关系，那么一般而言，我们可以说，在中世纪不存在劳资问题。但显然，从另一种意义上来讲，劳资问题的确存在或者说已经萌芽了；因为，从某种意义上来讲，一个人一旦被另一个人雇用，劳资问题就出现了。从这种意义上来讲，我们可以说，行会制度只要忠实于自己的理想，就可以“解决劳资问题”。

陈述完这些理想，如果我们再回头看看真实的历史，并期望找到实际实现了这些理想的某个明确的历史阶段的话，那么我们可能会失望。行会组织本身的形成就是一个缓慢的、没有规律的过程。学徒的必要性、明确区分学徒和熟练工、定期选举会长、对过程进行系统的监管，这些制度都是经历了很长时间才明确、具体地确定下来。而且几乎是这些制度刚一确定，由师傅组成的各种小群体就开始表现出垄断的倾向，师傅和熟练工之间开始出现摩擦。我们想说，行会制度还没有完善起来就开始瓦解了。或许，更准确地说，在 14、15、16 甚至是 17 世纪，自始至终，人们一直在努力想要实现行会理想，但同时这些理想也在不断地衰减。这是因为行会理想涉及的领域太多、范围太宽。新兴产业在不断发展，老产业在不断衰落，小城镇在不断地追赶大城市并重复其发展历程。因此，早在其他行会出现严重问题之前，垄断精神很可能就已经在某些行会中出现了。行会制度，作为一种政策，在不同的时期、不同的行业和不同的城镇，在很大程度上，的确成功地控制了工业活动，取得了令公众和“工人们”都满意的效果。从这个意义上来讲，我们完全可以说，行会理想实际上已经实现了。

第三讲　现代农业的开端：采邑的解体

现在，我们必须回来看看农业人口的情况。我们需要认真地记住一点：尽管制造业和贸易早期的发展非常引人注目，但是直到18世纪，英国仍是一个以农业为主的国家。直到近代，英国种地的农民的命运一直是其经济史的核心问题。我们必须重点关注农村人口的主要构成者雅兰土地所有者和茅舍农的地位变化。我们下面所讲的内容主要适用于英国的中部和南部地区；对于东部的郡和西部地区，这些内容只有进行修正以后才能适用。

正如我们已经看到的，大多数土地由种地的农民持有，这种状况不是由明确的合同或契约决定的，而是由惯例决定的。正如采邑记录所说的那样，他们其实是“以维兰身份”或“以奴役身份”，但是是“根据采邑的惯例”持有土地。尽管律师们为解释他们的地位而感到为难，但“习惯法汇编”(customaries)和“习惯佃农”(customary tenants)这两个词作为这些人的日常称呼被引入和传播开来，这种做法指出了真实事态的本质。中世纪的“惯例”很有欺骗性：在我们的思考过程中，我们很难给它足够但不过分的重视。一方面，当然存在强烈的、持续不断的形成惯例的趋势；另一方面，实际上变化也在不断地发生。一旦形成，这种新的制度倾向于在很短的时间内就把自己当成古老的惯例。因此,我们发现,尽管为了让事物保持原来的样子,惯例和习惯一直在持续不断地发挥作用,但的确仍会有变化发生——开始是零星、缓慢地发生,后来是普遍、快速地发生。这些变化极大地改变了整个形势。因为,到15世纪中期,采邑制度的重要特点,即习惯佃农有义务耕种领主领地的做法几乎已经消失了,取而代之的是领主付钱雇用佃农耕种其领地。

这是一次规模最大、分布最广且意义最为深远的转变,这一转变在德语中被称为从“Naturalwirthschaft”(自然经济)向“Geldwirthschaft”(货币经济)的转变。对于这两种形成鲜明对比的状况,我们没有找到令人满意的翻译方法,因为“natural economy”(自然经济)和“money economy”(货币经济)这两个词几乎都不能被称为英语。我们只能比较笨拙地将这种转变称为从经济关系主要采取服务和实物支付形式的形态向经济关系主要采取货币支付形式的形态的转变。但无论怎么称呼它,它都是人类历史上最重要的一次转变。因为,正如我们马上就会看到的那样,它不仅促进了生产的发展,还为旧体制的彻底解体扫清了道路。货币的使用甚至可能会跟惯例的控制长期并存:惯例的力量可能非常强大,以至于它会无限期地阻止已经确定的价格和工资发生任何变化;但使用货币的内在倾向将会弱化惯例的力量。货币的使用提出要以商品或劳动的惯常提供者从来没有采用过的方式对商品或劳动进行估价。它促使人们去探究有没有提供或得到令人满意的价格,因此,它强化了买卖关系双方中的任何一方都可能会有的变化的倾向。

用货币代替劳役的过程，有关其条件和动机，值得我们认真研究。首先，第一个条件就是采邑的领主和采邑的佃户要熟悉货币支付的概念。贸易的扩大——先是在大型市集里和城镇里，贸易的规模越来越大；后来，基本每个村庄都出现了市场，并且在这些市场中，贸易的规模也越来越大——让人们越来越熟悉货币支付的概念。负责管理领地的总管所记的最早的账册始于13世纪中期，这一点值得我们注意。这些账册显示，销售农产品和雇用劳工补充维兰劳役的不足渐渐成为总管日常工作的一部分。其次，货币的使用要求实际存在足够的、适合的金属货币。例如，亨利三世、爱德华一世和爱德华三世时期发行的货币和推行的铸币改革就提供了足够的、适合的金属货币。再次，习惯佃农要有能力从田地中收获足够多的农产品，除满足自己的生活需要以外，还能剩下一部分拿到某个地方出售以换取货币支付给他们的领主。最后，货币的使用还需要存在对这些剩余农产品的需求。例如，城镇居民就提供了这种需求，因为城镇人口增长太快，仅靠周边农村提供的农产品，根本无法满足他们的需要。农民用货币代替劳役只能解释成是当时工业和商业发展反作用的结果。因此，农民用货币代替劳役的做法最早就是出现在贸易和城镇生活最先繁荣起来的西欧的那些地区。实在不行，我们还可以解释为：英国很早就发展起了贸易，因为同样的原因，英国很早就出现了农民用货币代替劳役的做法；或许跟莱茵兰或荷兰或意大利北部地区相比，英国的贸易规模不算大，但跟中欧或东欧相比，规模就算大了。这些原因不仅包括英国拥有的有形的优势，例如有丰富的海港和通航的河流，还包括诺曼国王和金雀花王朝的国王所领导的强大政权所建立的和平和秩序,后者甚至比前者更重要。

关于用货币代替劳役的条件或前提,我们就讲到这里。现在再来看一看货币代替劳役的动机。人们为什么想付出或收取货币而不是劳务呢?近代在欧洲其他地区发生的情况能够很好地解释这个问题。直到18世纪晚期,在德国东部的很多地区,仍有人在服劳役,这种劳役跟我们在13世纪的英国看到的劳役非常相似;直到19世纪中期,在波兰、匈牙利和德国,也依然存在服劳役的情况。当代的很多农业专家都观察和评论了强制劳役(Frohnden)所带来的后果。他们一致认为强制劳役给生产带来了极坏的影响。现代的地主都非常清楚这个道理。聪明的评论家指出,要求农民们离开自己的土地到领主的领地上干活,并且劳动果实还没他们的份儿,这些农民"当然"都变成"不愿出力的劳动者"。"长期的惯例会让人产生一种想法,认为至少在自己占用的这块土地上自己是土地的共同所有人。有了这种想法之后,你再让他撂下自己地里的活儿,到其他地方从事强制性劳动,他就会模糊地感到自己受到了压迫,被压迫感会让他更不愿意去从事强制性劳动,并且他会变得执拗和愠怒。"有人断言——或许这其中有点夸张的成分:"18世纪,在奥地利,一个农奴的劳动量只有一个自由受雇者的1/3。"尽管在农民自己的土地上情况没有这么糟糕(因为个人利益会激励着他努力干活),但是地主享有优先权,可以每周都要求他们到领地上工作两天或三天,并且在诸如佃户正急着要收自己地里的庄稼的收获季节之类的时节,还要求他们再做一些额外的工作,这些要求势必会令佃户们感到非常沮丧。实际上应该说,这并不总是佃户自己的责任:无论如何,按规定,14世纪,佃户在英国的责任不是自己出现，而是在（地主）“找人劳动”时出现。仍有很多农民可能迫于形势不得不用自己的双手为地主提供劳动。无论如何，这种义务都是令人厌恶和令人愤怒的。

以上就是用货币支付代替服劳役的条件和动机。在英国，关于用货币支付代替服劳役的做法，我们可以从13世纪其发展缓慢的早期阶段开始，逐一探究其各个发展阶段——正如梅特兰（Maitland）所说，“在第一个阶段，在某个特定的年份，领主碰巧不想让佃户工作，于是就开始收取一便士或半便士代替佃户一天的‘工作’；到了第二个阶段，领主习惯性地每年针对同样天数的工作量收取同样数量的货币，但他特意为自己保留了只要他愿意，就可以要求佃户用实物偿付应该完成的工作量的权力；到了最后一个阶段，领主和佃户之间有了明确的协议，佃户将支付（一大笔钱作为）地租代替劳役”。我还想补充一点，更准确地说，后面还有一个阶段，不仅周劳役而且在收获时节或其他繁忙时节需要提供的额外劳役或“布恩”（有很长一段时间，领主在放弃周劳役以后，仍然保留了这些额外劳役）最终都换成了用货币支付。

1349年，一场大瘟疫席卷了英国；1361年和1369年，瘟疫又再度来袭，但破坏力较1349年稍小。在这几次瘟疫来袭之时，用货币代替劳役的做法时常发生，但还没有普及开来。1381年，英国爆发了农民起义。大瘟疫和农民起义之间的联系常被人误解。索罗德·罗杰斯（Thorold Rogers）在其早期作品里提出的猜想到其后期作品中就变成了自信的断言，后来威廉·莫里斯（William Morris）还在此断言的基础上创作出了《约翰·鲍尔的梦》（*Dream of John Ball*）。其大意是：在大约30年前，用货币代替劳役的做法在英国普及开来。后来爆发的黑死病导致了工资上涨,领主用从佃户那里收取的货币已经无法从自由劳工那里购买到相同数量的劳动,于是领主试图强迫佃户回归原先的做法,用劳役支付地租,结果激起了佃户的愤怒,最终引发了农民起义。从这个观点来看,农民起义是佃户对领主试图逆转农业发展进程行为的回应。但并没有证据证明这种观点,而且,这种观点意味着用货币代替劳役这种做法的普及程度比我们现在了解到的当时的实际普及程度要高得多。真实的情况可能是这样的:这场最具破坏性的瘟疫(黑死病)让佃户们比以前更加清楚地意识到了自己的劳动对领主的价值。通常,在那些还没有用货币代替劳役的地方,如果领主留不住佃户,不能让他们为自己工作,那么,他的领地就根本无法耕种。因为意识到自己是不可或缺的,所以佃户们逼着领主放宽他们的服役义务,或者用一笔数额不高的货币彻底代替劳役。但这些要求地主觉得自己无法应允。因为黑死病以及由此而导致的人手不足,自由受雇的劳工的价格永久性地上涨了大约50%左右。黑死病过后,政府直接发表声明,次年还颁布了法令,规定支付或索要的工资只要高于之前的习惯工资水平就属于违法行为,并且还专门设立了地方"劳工法官"组织负责这项法令的实施;尽管如此,自由受雇的劳工的价格还是永久性地上涨了。与此正相反,领主们可能更会紧抓住那些仍在服劳役的劳工不放;有些地方刚开始实行用货币代替劳役,并且领主特意为自己保留了要求佃户服劳役的权利(正如我们看到的,有时候情况就是这样的),在这些地方,领主无疑会行使这项权利。需要现金的时候,一有适当的机会,领主们当然就会利用这些机会来获取现金。采邑法庭给领主们提供了这种机会。采邑法庭要求佃户们必须出庭，并且会以实际或认定的不履行义务为由对佃户们处以罚款。在这种情况下，佃农们变得越来越焦躁。因为当时人人平等的观念已经传播开来，所以出现这种情况就更自然了。一些受欢迎的传教士，主要是圣方济各会和多米尼克派的传教士，四处游走宣扬：

“王侯将相，宁有种乎？”

在这些受欢迎的演说者当中当然包括威克里夫（Wyclif）的“贫穷神父”。这些人很可能非常高明和机智地使用了他们的领袖威克里夫提出的“统治要建立在恩典之上”的教条。威克里夫说，所有的统治或贵族权威，包括采邑领主的权力，都是上帝为了回报人们对他的服务而赋予人们的——这个服务是蒙受天恩的一部分。对于受欢迎的威克里夫的神父的听众而言，很容易就能得出如下结论：拒绝答应他们要求的地主没有蒙受天恩，因此，佃户们有正当理由拒绝履行其通常的义务。不管是受何驱使，毫无疑问，很多农民的确“退出了劳役”，而之后采取的强制措施最终引发了农民起义。

农民起义没有带来突然的改变，但到了14世纪末和15世纪初，用货币代替劳役的做法发展得比之前快得多，并且是按照对农民有利的条件进行的；因为在折抵的时候，各种工作通常是按照瘟疫爆发前的习惯价格计价。这是因为除非领主们答应给予优惠条件，否则他们就无法留住自己的佃户；而一旦佃户离开，领主们既得不到劳役也得不到租金。在农业历史的这个阶段，大批佃户离开村庄，就像几百年前一样，仍会毁掉庄园的价值；即使没有大批佃户离开，就算只有一个佃户离开，如果找不到替代者的话，也会损失掉庄园的部分价值。这与一百年后的情况截然不同。正如我们将会看到的,一百年后,地主们都非常高兴能够摆脱掉习惯佃户,因为他们可以有更大的空间养羊。由于所有的地主都普遍发生了这种改变,因而在一个采邑中失去土地的佃户也不可能在其他地方租到土地。但在目前这个阶段,如果有农民来到村里表示愿意租种土地,领主们通常还是很欢迎的。所以,领主知道,如果一个佃户离开他这里,会有很多领主非常愿意收留这个佃户。而且,城镇中不断发展的各个行业也常常可以吸纳新来的人:我们听说有些逃亡的农奴后来当上了裁缝、鞋匠、织工和制革工人。这些因素尽管不是瘟疫带来的,但瘟疫的爆发却使它们得到了强化。这些因素带来的后果就是,大约到15世纪中期,在英国的大部分地区,佃户服劳役的做法实际上就已经消失了,取而代之的是用货币地租代替劳役,这种新的做法很快就变成一种惯例。这意味着农民的人格尊严和独立意识提高了,所有农村劳动力的使用效率也提高了。农村劳动力使用效率的提高不仅意味着佃户和茅舍农生活得更舒适了,而且也为不断增加的城市人口提供了他们所需要的食物。

但是,我们发现当时还发生了同样重要的另一个变化。我们发现,采邑领主将自己的领地连同领地所附带的包括农民劳役和地租在内的权利和特权出租短短的几年正在成为一种惯例。在14世纪下半叶这种做法偶有发生,到了15世纪发生的频率更高了。迄今为止,说到能够称得上是操纵英国传统农业的人,那就是领主,他们亲自或通过其代理人、管家或主管控制着英国的传统农业。如果把经营农业生产看成是一种任务的话,现在他们开始把自己从这种任务中解放出来，把农业生产的实际经营权逐渐转让出去。直到最近，我们一直没发现这一转变的重要历史意义，因为我们一直忘记了在典型的采邑中一方的领地和另一方的维兰或传统习俗地之间存在截然不同的区别。在中世纪，人们将代替变化的收入或利润的固定报酬称为“ferm”（在拉丁语中叫 firma），因此人们把在几年之内租用领地的承租人称为“firmar”、“fermor”或“farmer”。在 15 或 16 世纪，我们可以比较有把握地说，在农业领域，“farmer”通常是指租用领地全部或部分土地的人；很久以后，该词的含义发生了扩展，每一个独立打理农田的人都被包含进去。正如我们已经说过的，现在，农民资本家的地位是近几个世纪以来英国农业的一大特色。农民资本家租种较大面积的土地，并且至少需要自己提供购买牲畜和农业用具以及支付劳工工资所必需的这部分农业资本。我们发现，14、15 和 16 世纪领地里的农民是现代农民阶级的一个主要历史来源。但最初，领地里的农民跟现代农民不同，他们没有这么多的资本，原因在于他们自己常常担任领主的财产管理人或采邑总管。既然随着工资的上涨，耕种领地赚到的利润少了很多，那么自然是身在其位、有着个人利益动机并了解土地生产能力详细情况的人能够从土地上赚到更多的钱。有些有进取精神的采邑总管可能比较富裕：乔叟（Chaucer）所描述的采邑总管比领主更具经商头脑，他快速积攒了一点本钱（“ful riche he was a-stored pryvely!”），并且知道如何把其实是他自己的钱借给领主来讨得领主的欢心。但这些人里很少有人能立刻找到像整个领地那么大的土地所需要的牲畜。因此，最初，领主领地上的牲畜会和土地及其他器械一起对外出租，这也是再自然不过的事情了。在所有庄园都采用这种做法之后，在此后大约半个世纪的时间里，这种安排似乎一直在沿用，租约也在不断地续签。这表明，大约五十年之后，租种领地土地的农民通常都设法获得了足够的资本来购买自己的牲畜。到了那个时候，面积比较大的领地可能也已经被打散成了不需要那么多资本的较小面积的土地。

我们对英国农业发展史上的这个阶段的了解要归功于索罗德·罗杰斯(Thorold Rogers)。他意识到，我们需要从历史学的角度解释“农业资本”的成因，而我们则习惯于把它简单当成一个能够自圆其说的东西。他认为，他所谓的“土地和牲畜出租”最早为农业资本的出现创造了机会。但是，他对这种出租方式和欧洲大陆的对分佃农制度进行的对比却很容易令人误解。土地和牲畜出租与对分佃农制度唯一的共同点就是牲畜都是由地主提供。在对分佃农制度中，即使这一点都既不是普遍也不是统一的做法。英国中世纪的“农民”签约规定了固定的货币租金，而对分佃农租约的基本特点是要将约定或习惯比例(通常是一半，这也是对分佃农名称的真正由来)的农产品作为租金交给地主。而且，英国“农民”持有的土地从一开始就比较大，而对分佃农持有的土地几乎普遍较小。事实上，农民取代了领地的领主，而对分佃农是从小维兰佃户发展而来的(或者说是取代了小维兰佃户)。把农奴一半的农产品交给地主和把农奴每周一半的工作时间交给地主，这两种做法看起来似乎有密切的联系，但我没有找到任何证据证明英国历史上曾经出现过对分佃农阶段。

15世纪下半叶开始了一场前所未有的运动。自从爱德华三世统治时期一些熟练织工从低地国家来到英国开始，英国不再依赖欧洲大陆的其他国家为其供应比较好的呢绒，制造业也开始快速发展起来。这导致了对羊毛的更广泛的需求。由于雇用劳工的价格依然很高，而牧场经营需要的人手远少于种地，因此英国出现了养羊运动，而这场运动竟然很快改变了整个英国的面貌。养羊需要用栅栏把地围起来，把羊群赶出栏外来放牧。由于迄今为止，这些土地，无论是耕地还是牧场，都是开放式的，因此人们将这个过程称为“圈地运动”。在一些郡，附近就有充足的石头可以用来砌墙；但在英国的中部和南部地区，因为很难找到石头，所以人们就用篱笆做成了围栏。到这个时候，英国农村开始呈现出现在的面貌。

现在，很多不同的群体可能都开始把养羊作为自己的工作，例如小自由土地持有人甚至大点的习惯佃农，但有证据证明，其中最主要的群体是采邑领主。人们可以在采邑不同的地方养羊。如果是在公共牧场养羊，那么可能会妨碍佃户享受他们的习惯权利，除此以外，不会有别的影响。但是，在当时的条件下，大规模养羊而又不侵占耕地几乎是不可能的。耕地通常就在每个村庄的周围，绵延数百英亩；如果不占用这些耕地的话，那么剩下的可以使用的土地根本不够，而且也很难进入。在很多地方，敞田中到处分散的土地很多都仍然属于领主的领地。正如我们已经看到的，早期的时候，领地的大部分甚至是全部土地都与佃户的雅兰土地混在一大片敞田中。到了15世纪中期，在很大程度上，领主们成功地将自己的领地从敞田中分离出来，把它们集中到了紧凑的区域。在领地从敞田中分离出来以后，如果领主选择使用自己封闭的领地养羊的话，那么他可以随意这么做，而且除了现在不需要雇用的茅舍农和之前租用部分领地的佃户以外,不会损害到任何人的利益。但在领地仍位于敞田之中的那些地方,面对相互分隔的面积为一英亩或半英亩的条状地块,领主束手无策:为了能够将适当大小的土地围起来养羊,领主必须通过某种方法将临近的佃户的条状地块搞到手。由于这个以及其他一些原因,我们发现,实际上,圈地通常意味着在敞田中一定数量的习惯佃农持有地消失了。现在,这个过程开始了,在开始这个过程之前,我想说我们应该在英国经济史中找一个重点关注的问题——让小农阶层离开自己耕种的土地(在法国和德国,小农阶层依然明显依附在土地上)。

我们现在讨论的这些变化的法律性质一直是很多人讨论的话题,对于这个问题,人们还没有找到令人满意的答案。我自己的观点是:在圈地运动的早期阶段,法律对于习惯租地还没有明确的规定,从而极大地助长了这些变化。严格从法律意义上来讲,13 世纪的维兰是"按照领主的意愿、根据采邑的惯例"持有土地。随着时间的推移,人们慢慢开始认为这个条款的第二部分对第一部分进行了限制。人们普遍认为,只要佃户履行其习惯义务,就不应该妨碍他们。实际上,在不少情况下,领主接纳一个新佃户就意味着明确表示愿意让他"终身"做自己的佃户,这种做法已经慢慢成为一种惯例。在有这种惯例的地方,如果领主想要收回租出去的土地,只能等到承租人去世才行。即使租期明确规定是终身制,允许前承租人的儿子继续租种土地无疑也是一种惯例;但显然,在这种情况下,承租人的儿子是没有办法提起法律诉讼的,而惯例也常常会被抛诸脑后。在那些接纳佃户时没有明确表示佃户或佃户及其子嗣可以终身租种土地的地方,下一个继承人可以借助惯例要求领主同意让他继续租种土地,这种做法似乎是安全的。但领主拥有公认的权力,可以收取“罚金”或接纳费。人们普遍认为,“罚金”应该“合理”。但一直到伊丽莎白统治时期,这一原则才得到了司法认可;又过了一段时间,合理罚金的金额才被确定为租金的两倍。在很多情况下,领主只要要求佃户支付超出其支付能力的高额罚金,就能将土地收回,而领主极有可能会这么做。但我们还可以继续讨论下去:大量证据证明,在圈地运动的早期,确实发生了一些赶走现时佃户的情况。让我们来听一听托马斯·莫尔爵士(Sir Thomas More)在《乌托邦》(*Utopia*)中的描述吧。莫尔借一位虚构的外国观察家之口解释了为什么英国当时有那么多的小偷。在谈完英国和欧洲大陆的其他国家共同的理由之后,他继续说道:“还有一个理由,我认为是你们英国人所特有的……你们的羊,过去一直很温顺、驯服且食量不大,但现在却变成了庞大的吞噬者,它们变得如此野蛮,以至于连人都给吞下去吃光了……为了外表,在那些能够出产最优质和最昂贵的羊毛的地方,贵族、绅士还有某些修道院院长……没有留下一点耕地。他们把所有的土地都圈成了牧场,他们推倒房屋,拆毁城镇。”“把所有的东西夷为平地,仅留下教堂改建成羊舍……一个贪婪的家伙……就可能用一个栅栏或篱笆圈起几千英亩的土地。农民们被赶出自己的土地,或者是通过欺诈和欺骗或通过暴力压迫把他们赶到牧场的边上,或者是通过冤屈或伤害让他们感到非常厌倦以至于不得不卖掉所有的家当。因此,利用各种手段,千方百计地把他们赶走……我说,他们步履艰难地离开了自己熟悉的家园,变得无家可归。”莫尔是为了衬托他所描述的乌托邦里的幸福状态才把当时的英国描述成这个样子，但我们绝不能因为这一点就认定他只不过是一个文学的理想主义者。莫尔是一名训练有素的律师和行政官员。七年之后，他成为下议院的发言人；十三年后，他当上了大法官。下一任君主统治时期，一个典型的教区牧师伯纳德·吉尔平（Bernard Gilpin）的话也表达了类似的观点。谈到某些地主，他说道："他们认为把穷人赶出自己的土地是无罪的。他们反而会说土地是他们自己的。"1517 年提交到皇家专门调查委员会委员们面前的有关各地大规模圈地的证据也迫使我们得出了同样的结论：这个地方 300 英亩，那个地方 300 英亩，每个案例都在重复同样的话："住在那里的人已经离开了。"不仅如此，在沃里克郡（Warwickshire）的斯特顿·巴斯克威尔（Stretton Baskerville）的一个案例中，"有 12 座豪宅院和 4 座村舍都腐烂掉了"，640 英亩土地被圈了起来，"结果导致在此居住的 80 人被迫离开那里，过着悲惨的生活"。清离似乎是同一天发生的——差不多 25 年之后，这个地区的人还记得那天是亨利七世统治的第九个年头的 12 月 6 日。

后来，"习惯佃农"确实受到了国王法庭的保护。据报道，早在 1481 年，首席法官布雷恩（Brain）就曾说过："如果领主要从尽职尽责的习惯佃农手中收回土地，佃农就可以以侵害罪起诉他，这是我一直坚持的观点，未来也不会改变。"到了 1530 年，这一法官意见已经被写进了标准的法律教科书。然而，极有可能的是：当圈地运动开始的时候，国家法院才刚开始尝试性地承认习惯佃农的财产权；尽管半个世纪之后，法律已经完全承认佃农对自己的土地享有不容侵害的权利，但在当时仍有很多佃农被领主收回了土地。

在某个我们还不太确定的时期，人们开始把习惯佃农称为"公簿持有制”佃农，因为据说他们是凭上面记录着其劳役的法庭卷宗的副本持有土地的。无疑，从 17 世纪初开始，公簿持有农可以放心大胆地持有土地。斯图亚特王朝第一代国王统治时期的普通法大权威爱德华·柯克爵士（Sir Edward Coke）在一篇专门论述这个题目的小论文里写道：“现在，公簿持有农有了明确的法律依据。他们不再因为领主不满意而患得患失；他们不再一有风吹草动就担心不已；他们可以放心地吃饭、喝酒和睡觉；他们只关心一件事情，那就是要认真履行租地条件和惯例所要求的责任和劳役。由于知道自己是安全的，没有任何危险，公簿持有农根本不在乎领主高兴还是不高兴。因为如果领主气到要把他们赶走，法律已经为他们提供了一些补救措施；因为他们可以选择是让法庭发传票给领主还是直接以妨害罪起诉领主。在很多方面，形势变得对公簿持有农有利了。”最近进行的调查开始让我们了解在 15 和 16 世纪，皇室法庭是如何采取行动给公簿持有农提供这种安全保障的。但这些调查也让我们明白，是经历了某种筛选的过程，法庭才做出了对公簿持有农有利的规定，形势才变得对他们有利起来的。显然，在某段时期，“公簿持有农”一词意思不明确，几乎所有类型的习惯佃农，甚至包括终身制或世袭制的佃户，都可以被称为公簿持有农。而后来所谓的受法庭和形势青睐的公簿持有农仅仅是指“可以继承的公簿持有农”。“有充分依据的、合法的公簿持有地”的持有者是当时对他们的另一种称呼，他们可以信心十足地向国王法庭提起上诉。最近公布的一些数字显示，当法庭刚开始采取行动的时候，在很多采邑中，公簿持有农对自己所持有的土地不享有可以继承的产权，而在另一些采邑中，公簿持有农则更幸运一些，对自己持有的土地享有可以继承的产权，当时这两种采邑基本上是各占一半。

在每种情况下，无论这种变化的法律性质如何，其经济效果都是一样的。大法官钱塞勒·培根(Lord Chancellor Bacon)回顾了实际上在他那个时代之前一个世纪就开始发生，但一直以来都在被大家热烈讨论的这些变化，用他的话说，“耕地变成了牧场，自耕农可以多年、世代和随意租种的土地都变成了领地”，即变成了领主的私有土地。

在16世纪的文献中充满了来自各个社会阶层的作者们对圈地运动的大声抱怨：圈地运动似乎预示着一场农业革命。我们知道，圈地运动令我们的政治家们非常担心，结果导致了反复立法和极力维护行政权力的行动。我们在后文中将会回过头来看看这些抱怨。然而，某些近代的作者提出(而且很明显他们是花了很大的气力才提出了这种观点)，圈地运动实际带来的变化并没有一般认为的那么大。他们是根据当时提交给皇家委员会的某些证据得出的结论。他们非常肯定地指出，在第一个阶段，即1450—1610年，圈地运动主要发生在英国中部的一些郡，例如莱斯特、北安普顿、拉特兰、沃里克、贝德福德、柏克斯、巴克斯、牛津以及米德尔塞克斯。然而，在继续估算出即使在这些郡里面，也只有不到1/10的土地受到了影响之后，他们似乎把这一证据安到了它根本就证明不了的结论上面，似乎忘掉了一些重要的因素。我自己对上面提到的这些郡最保守的估计是大约有1/5的耕地受到了影响，而这的确足以引起极大的恐慌。而且，这一估计中还不包括那些被改成牧场的领地中的土地。尽管“雅兰土地持有者”或“半雅兰土地持有者”家庭持有的土地没有受到影响，但这可能会给那里的茅舍农带来极大的灾难，因为他们之前主要靠工资生活，现在却不得不放弃他们的村舍和极少的土地搬去别的地方。

我们一直关注的这些新发展——习惯佃农从提供劳役变成支付租金，因为耕地被圈起来养羊致使很多习惯佃农搬离自己的家园，领地中的大“农场主”（农业资本家）阶级不断发展壮大、慢慢积累起了自己的农业资本——在宗教改革时期都带来了一些前所未有的、更重大的后果。宗教改革，无论结果是好是坏，都是个人主义的一种表达，它强调了个人灵魂与上帝之间的直接联系。但宗教上的个人主义只不过是将个人从传统和惯例中解放出来、鼓励他为自己思考和做事的普遍趋势的一个部分或层面。个人主义的表现有好有坏：私人企业发展得越大，生产方法越来越先进，这是追求个人主义的结果；自私自利和追逐私利的行为越来越明显也是追求个人主义的结果。现代作家把个人主义称为“私人感情”、“私人利益”和“个人收益”。在人与人之间的所有经济关系中，个人主义更多地是指我们现在所谓的与相关的人之间的“竞争”。

现在，将以前的世纪描述成不存在追逐私利行为的时代是很荒谬的。但毫无疑问，在16世纪，追逐私利的行为变得越来越普遍、越来越活跃、越来越不加遮掩；当然，在依然是国民生计基础的人与土地之间的关系上面，这种情况也表现得非常明显。即使到了今天，英国的土地——如果我们将我们现在流行的做法和想法与美国、加拿大或澳大利亚流行的做法和想法进行比较的话——也只是部分实现了商品化。在英国，人们甚至还没有像看待棉厂一样普遍将土地看成利润的来源。英国的经济学家仍然喜欢将

"土地"与"资本"严格区分开来。但是,英国的土地尽管没有彻底实现商品化,却在很大程度上已经实现了商品化。正是在宗教改革时期土地商品化最先取得了进展。例如,人们渐渐开始将"农场"(即由领地或领地中的一部分构成的农场)视为利润的来源;在现时佃农租期到期的时候,想要成为佃农的人会主动站出来出更高的租金租地或购买土地未来的所有权。人们把在城镇中做生意挣的钱投资到农场上面,城里的生意人也跟农村人争着租种或购买农场。领主们自然会利用这个机会增加自己的收入,因此被传道者们和政治小册子的作者们尖酸地骂成是"提租者"或"加租者"。拉蒂默主教(Bishop Latimer)在一次布道中称,一个农场,自耕农父亲以前一年需要支付 3 或 4 英镑的租金,但他的继承人现在需要支付 16 英镑甚至更多的租金;在另一个场合,在谈及规模大点的农场时,他说:"以前一年需要支付 20 或 40 英镑租金的农场,现在的租金是一年 50 或 100 英镑。"亨利八世统治后期和爱德华六世统治期间发生了货币贬值,紧接着就出现了物价上涨,这又给领主们提供了涨地租的动机和借口。

1536 年和 1539 年修道院的解散让人们更深刻地认识到了利用土地谋取私利的新观念。据估计,当时英国大约 1/5 的土地被国王赠送或以优惠的条件卖给了世俗领主和贵族,而这些人之前就已经拥有了一部分土地。1827 年哈勒姆(Hallam)写道:"我们将会发现,现在人们认为最著名的那些家族,无论属不属于贵族,几乎无一例外,都是在都铎王朝历代帝王统治时期开始崭露头角。如果追溯一下其土地的所有权,我们会发现,他们的大部分土地都是从修道院或其他教会组织那里直接或间接获得的。"不光 18 世纪几个辉格党的大家族以及"鼓吹公民和宗教自由的大家族"〔迪斯累里(Disraeli)在《西比尔》(*Sybil*)一书中讲述了他们特殊的来历〕是这样,很多大乡绅家族,例如奥利弗·克伦威尔(Oliver Cromwell)所在的家族,也是如此——17 世纪他们成为清教徒和国会议员党的中坚力量。现在我的任务不是要讨论在当时的时代背景下,这是不是处置修道院财产的最佳方式以及这种方式是否对未来有利。这些事实本身足以引起人们的关注。据说,在被解散的修道院当中,规模稍小的有 376 座;规模大点的,可能有 250 座左右:总共大约有 626 座。在至少 500 个教区里,因为修道院的解散,世俗人士代替教会团体获得了全部或大部分采邑的所有权。当时教会或其他类似团体采取的政策比较保守,要求也没有那么严格,这是一个普遍的经验,不光英国如此。租种领地土地的农民付给修道院的租金以及习惯佃农续租时需要支付的罚金通常相对较低。但现在却来了受追求个人利益的新思想驱使的新主人。他们提高地租,在很多地方将耕地变成了牧场,并试图威吓习惯佃农接受世代或几年的租约。我们绝不能夸大这些变化所带来的影响。一段混乱期过后,新的主人在自己的土地上安定下来,租金——根据新的农业生产条件和新的价格范围进行了调整——再次趋于稳定。而且,很多习惯佃农的确以"公簿持有农"的新身份存活了下来,并且其土地保有权得到了法律的保护。就连敞田及其强制轮作制度在英国农村的大部分地区也保留了下来,但其形式已经没有以前那么完整和匀称了。资本主义农业的新制度出现了,很多种地的农民从土地上消失了。

第四讲　对外贸易的兴起：资本和投资的出现

现在，我们转过头来看一看英国对外贸易的开端。在此过程中，我们必须牢记，尽管这个话题非常重要（这既是因为它可以帮助我们了解当时的状况，也是因为对外贸易注定最终会在英国的发展过程中发挥主导性作用），但在整个中世纪，跟英国的经济活动总量相比，对外贸易量非常小。总体而言，英国仍是一个自给自足的国家：出口的只是一些本国用不了的未经加工的农产品，特别是羊毛；进口的主要是只有少数上流社会的人才会购买的奢侈品，例如丝绸、毛皮、精纺和染色呢绒、法国葡萄酒，以及可以让有钱人的吃喝变得更美味可口的香料。在进口商品当中，唯一一个广大民众普遍使用的商品就是羊生疥疮的时候给它们敷的挪威的焦油——焦油似乎是在 13 世纪末被引入英国的。直到中世纪末，英国在加工技术、累积资本、商业企业、航海技术知识和会计知识、拥有的船舶数量等方面都远落后于某些欧洲其他国家——一方面落后于莱茵兰以及德国北部和南部的大城市，另一方面落后于意大利共和国，例如热那亚和威尼斯。直到 17 世纪英国才开始以平等的条件跟西欧其他国家展开竞争；直到 18 世纪英国才取代荷兰，成为世界上主要的运输大国和进出口贸易中心。

在这个话题上我要讲的内容主要围绕两个问题展开，这两个问题之间有着紧密的关联。最开始，英国的对外贸易可以说是“被动”型的。进口品几乎都是由外国商人使用外国船舶运到我们的海岸，而出口品也是由外国商人使用外国的船舶运送出去。这种情形跟中国现在的情况以及俄国一个世纪之前的情况类似。中国的商品几乎都不是由中国的船舶运到欧洲的；到 19 世纪中期，俄国境内只有 1/9 的进口生意和 1/44 的出口生意是俄国商人做成的。我们不得不研究一下，以类似这样的状况为起点，英国的对外贸易是如何变得“主动”起来，英国人是如何承担起进口品的销售、出口品的采买以及进出口生意的实际操作的。第二个问题是这一经济活动的新分支的组织、它与已经形成的国内贸易和工业的组织形式之间的关系，以及为满足对外贸易的特殊需要逐渐发展而来的新的组织形式。

接下来，让我们从英国的对外贸易几乎全部掌控在外国人手中时的状况开始讲起。在某些方面，“foreignness”(外地人的身份)可以说跟国籍无关；严格来讲，我宁愿用“alien merchants”(外国商人)表示来自其他国家的商人。因为在 13 和 14 世纪，“foreigner”(起源于“forinsecus”一词)仅仅是指外地人，即从远方来的人：它既可以指来自同一个国家另外一个城市的人，也可以指来自另一个国家的人。在很多重要的方面，所有的“外地人”，无论是不是外国人，都受到了他们所到之处的当地人同样的对待。只要他们能给所到之处当地的市民带来生意，也就是说，只要他们带来的东西需要当地人帮他们销售出去，或他们要带走的东西需要当地人帮他们采买，他们就是受欢迎的。但是，当他们试图直接跟非市民做生意或直接把东西卖给买主时,他们就变得不受欢迎了。因为那时"国家"贸易的概念刚刚开始萌芽,贸易活动的单位依然是城市而不是国家。当然,从外国来的外地人,比一般的外地人更像外地人——他们的口音出卖了他们。当时的法律主要是针对"个人",而不是彻底地针对"地区";也就是说,当时,一个人不管去哪里,大家都认为他有权依据他所习惯的那个地方的法律被审判,因此,来到英国——当时还是一个不太开化的国家——的外国商人势必要过跟本地人有些不同的生活。他们的境况跟最近欧洲商人群体在中国所处的境况极其相似。就像在中国的欧洲商人一样,他们受到限制,只能在一些港口和贸易中心活动,不能自由进入内陆地区。人们满怀忧虑地密切注意着他们,以确保他们不会去欺骗淳朴的当地市民或侵害到这个国家在本国对采买贸易或销售贸易的垄断权。

某些外国商人群体能够为自己购买到有价值的贸易特权,获得只需要缴纳适中的关税就可以跟英国做生意的权利。在这些群体当中最有势力的就是被称为日耳曼商业行会的德国商人和意大利商人,尤其是威尼斯商人。日耳曼商业行会是由德国全国各地的城市为了维护各地商人所谓的利益而组成的一个大联盟。"对我们来说,活着是为了航行,而不是为了生存"(Navigare necesse est: vivere non est necesse)是它引以为傲的座右铭。在其早期历史中,科隆是日耳曼商业行会的领头羊,这主要是因为科隆以产布而闻名;后来以吕贝克为首的波罗的海城市脱颖而出,因为那时候它们所控制的鲱鱼渔场极其重要。有人略带悲痛地说,鲱鱼和丁香(东部贸易的主要交易品)所带来的杀戮比除基督教以外的任何东西都要多。在这里我没办法讨论鲱鱼在历史上的重要作用。简单地说，在14世纪，很多城市联合起来组成汉莎同盟反对试图控制松德海峡入口的丹麦国王，汉莎同盟发展成了类似联邦共和国的组织；但组成联盟的每个城邦名义上都要听命于皇帝，很多城邦还要听命于附近区域的权贵。在汉莎同盟的商人在外国建立的侨居区当中，最重要的就是在布鲁日、卑尔根、诺夫哥罗德和伦敦建立的四个"商站"。在伦敦，他们有自己的侨居地，侨居住地的周围围着结实的城墙，里面有仓库、住宅、精美的礼堂和景色宜人的花园，这个侨居地被人们称为斯蒂尔亚德商站（the Steelyard），它的原址是在泰晤士河边现在大炮街火车站所在的位置。最初，英国和德国之间所有的贸易几乎都掌握在汉莎同盟的商人手中。到了16世纪末，他们成功地阻止了英国人跟德国北部地区和波罗的海地区建立直接的商业关系。他们缴纳的出口税总是比其他外国人低，并且经常比英国人自己缴纳的出口税还要低一些。在国际贸易关系中，斯蒂尔亚德商站发挥的作用跟德国南部的商人在威尼斯建立的著名的被称为芳达科大厦（Fondaco dei Tedeschi）的侨居区基本上是一样的，二者之间重要的区别在于当时英国还处于商业发展比较原始的早期阶段，而意大利共和国则不然。或许，我们还会发现，中世纪意大利商人在近东地区建立的"工厂"跟英国商人后来在远东地区建立的东印度公司也非常相似。

当时还有一个同样显著的特征就是：英国政府为了威尼斯商人的利益给予威尼斯各种特权和关税优惠。在14世纪初进行了各种尝试性的安排之后，14世纪末英国和威尼斯之间的交流稳定下来，有了规范的制度，这种制度一直沿用到16世纪。每年，威尼斯都会派一个大船队前往西欧最繁华的贸易中心——布鲁日。这些被称为“佛兰德斯商船”的船队沿途会在锡拉库萨、马略卡岛以及西班牙和葡萄牙的港口停留,然后北行驶入英吉利海峡。部分船队通常调转方向开往南安普顿,而剩下的船队则继续驶往低地国家。到达南安普顿之后,威尼斯商人会留在那里做几周的生意,直到跟同伴会合,一起返回家乡。我们发现,船队是一项公共事业。船只都属于威尼斯城,由威尼斯城任命整个船队的指挥官,提供船长、船员和护卫。往船上装货的权利会被拍卖。尽管所有的贸易都是由单个商人或几个商人合伙来完成,但不存在普遍的合资行为,装什么样的货物、到哪些地方去、在什么时间做生意,所有这些都由政府准确地加以控制,除了每年可以跟着船队来英国之外,任何人都不允许私自把货物运到英国。本身也是商人的威尼斯的统治者认为,把他们所有的船只和人集中在一起是非常有利的。这种想法无疑是正确的——通过这种方式,他们能够更好地保证自己的安全,维持更严格的纪律和更高水准的商业道德,跟各个外国政府达成更好的协议。威尼斯政府的政策恰恰与汉莎同盟类似,它有两个目的:一是为他们所交易的自己本国生产的商品或从东方购买的商品在英国和低地国家找到好的销路;二是对于地中海地区的国家来说,他们是英国、法国和佛兰德商品的唯一货源,因此他们想凭借这个身份赚取所有可能获得的利润。所有的外人,包括他们自己在那里享有大量特权的那些国家的公民,都不允许进入处于他们控制之下的整个地中海地区。

但是,当出现了一些既好奇又有能力的英国人参与对外贸易的时候,显然,像跟汉莎同盟和威尼斯之间的这种单方面的协议就无法永远存在下去了。值得注意的是，在组织有序的英国商人组织对他们的垄断提出异议之后的很长一段时间，他们依然保留了外国人享有的特权。

第一个组织有序的英国商人组织就是所谓的斯特普商人协会(Merchants of the Staple or Staplers)。“斯特普”(staple)是指固定或指定的市场。从14世纪很早的时候开始，英国政府就有一个固定的政策，它会指定某些固定的地方，规定英国的主要产品羊毛所有的销售活动都要在这些地方进行，因此从事羊毛生意的所有英国商人都必定会常去这些地方。羊毛交易的地点经常变化——有时候是英国国内的某个或某几个地方被指定为羊毛交易地点，有时候是欧洲大陆其他国家的某个地方(通常是布鲁日)被指定为羊毛交易地点——使得这个本来固定的政策显得有点游移不定。这个政策本身自始至终都没有变过。它要规划出贸易流流动的常规路线，以便对贸易进行保护和征税。最终，英国政府将羊毛交易的地点永久性地固定在了兼具两大优势的加来，它既具有位于欧洲大陆上的地理优势，又具有采取的是英国规则的优势。从1399年到1558年法国把加来割让给了英国，在这一个半世纪里，加来一直是英国羊毛的交易地点。

我们可以看出，英国的羊毛批发商群体渐渐团结起来组成了明确的组织——市长和斯特普公司(the Mayor and Company of the Staple)，其成立的过程跟手工业公会几乎完全相同。像手工业公会一样，市长和斯特普公司的成立也是两股力量共同作用的结果：从事相同行业、有着相同的利益并承担着相同风险的人自发产生了想要联合起来的冲动；政府一方面由于财政原因，另一方面出于保护国家利益的诚实欲望,觉得有必要加以管理和控制。在当时的条件下,这个组织跟其他英国人相比必定享有垄断权。这种垄断权实际上是否招人讨厌取决于商人们是否本着排外的精神行使它以及是否真的有数量多到引起重视的有能力的商人被拒之门外。对于这些问题,我们可以给出正确的答案:在市长和斯特普公司早期历史中,答案是否定的。

我们之前可能认为从事羊毛出口的英国商人组织很快就会跟外国商人的特权起冲突,因为羊毛是汉莎同盟商人们的主要出口商品,也是意大利商人们最重要的出口商品之一。但英国政府将斯特普商人的销售活动限制在了加来——从加来,通过常到那里找他们的外国商人,他们显然能够为荷兰和法国北部的广阔市场供货。总的来说,这一点似乎让他们很满意。

后来出现的英国商人组织商人探险家公司(the Company of Merchant Adventurers)的心态完全不同。他们的名称显示在英国人中间有意识地发展起来了一种新的精神。这些商人立志要走得更远,要跨过大海到英国以外的地方从事对外贸易;他们还立志为英国正开始大规模生产的新的工业制成品呢绒在海外找到市场。在这两个方面,人们认为他们非常有进取心,并且明显比斯特普商人更勇于承担更大的风险或更敢于冒险。确实,即使在这些探险家当中,合群性和共同利益意识也非常强烈。他们很快就开始把自己组织起来建立了公司,组织得就像一个伦敦城市商业公会一样。而且,尽管整个世界就在他们的眼前,他们非常想要挤入的外国市场就在海峡和北海的另一侧,但是,在那里,他们却为政府的管制或当时的环境所迫,只能将某个特定的城市作为他们的

“贸易中心”，只能把自己安置在宽敞的房子里。要是得不到当地权贵的特许，他们就无法得到居留权或交易权（单单是交易权本身就值得他们居住下来）。他们只能通过答应聚集在某个地方给外国的权贵提供诱人的条件；并且，只有通过这种方式，在定居下来以后，他们才能保护他们的共同利益。自然，他们一开始想要在当时西欧的贸易中心布鲁日定居下来。但布鲁日本身就是一个生产布的地方，并且跟产布规模更大的根特还是盟友。他们著名的呢绒承载着所有佛兰德城市的繁荣——生产利润太大，他们唯恐失去，所以不可能允许英国人侵害当地人的垄断权，因此商人探险家们被迫转向其他的地方。1407 年，在布拉班特公爵（the Duke of Brabant）的帮助下，他们首次在安特卫普定居下来。安特卫普当时还是一个很小的城市，跟布鲁日比起来无足轻重。布拉班特公爵想要从英国进口商缴纳给他的关税中受益，因此愿意不顾可能碰巧正好在他的政府所在地的一些织布者和布商的抗议。多年来，探险家们对于把安特卫普作为他们的贸易中心一直不太满意，他们做了各种尝试，想要在更繁华一点的地方获得立足点；但 1444 年以后，他们在安特卫普永久性地定居下来，并且一直待在那里直到 16 世纪安特卫普因为宗教问题被摧毁并于 1584 年发生了灾难性的安特卫普包围战。探险家们的存在无疑促进了安特卫普在财富、人口和贸易方面的惊人发展，到了 16 世纪中期，这种快速发展为安特卫普在西欧市场中奠定了重要地位，其地位堪比布鲁日在前几个世纪中一直在西欧市场中所占据的地位。然而，尽管英国的探险家们可能看起来跟斯特普商人一样都是英国人，但他们做生意的方法略有不同，而且探险家们的确更独立、更有进取精神。他们不像斯特普商人一样迫于政府的管制只能在同一个区域从事贸易活动。布匹出口生意在不断扩大,而羊毛贸易却止步不前或不断下滑。15 世纪末地理大发现的伟大时代开始之后,商人探险家们最迫切、最有能力将地理大发现朝着新的方向推进。为了到遥远的地方去探险做生意,探险家们又成立了很多都铎王朝公司——俄国公司(the Russia Company)、黎凡特公司(the Levant Company)以及所有公司中最大的东印度公司(the East India Company)。因此,从真正意义上来讲,他们被视为英国对外贸易的创始人。

商人探险家的出现和发展标志着在英国经济发展过程中一种新的要素大规模出现,即资本要素(有别于土地和劳动力),也标志着一种现象的出现,从历史学的角度来讲,这种现象与资本密不可分,我们将其称为投资。无论经济学家们对"资本"一词做何解释,在商业世界里,资本永远是指所有者用来赚取利润的财富。我们说的投资,部分是指看得见的或商业的事实,即的确存在使用财富赚取收入或"收益"——刨去投入之外,还能有所盈余——的机会,部分是指内心的或心理的事实,即财富所有者确实想以这种方式使用财富。商人冒险家早期的历史向我们展示了这种贸易资本在英国是如何出现的。并不是像一些人推测的那样,贸易资本来源于大领主的收入。小乡绅年轻的儿子们可能会去做生意,但他们确实没有携带资本。更多的资本最初可能是通过征税获得的收益,也可能是,随着城市人口的增加,一些最早做生意的城里人所拥有的土地升值,使得他们变得富裕起来。但似乎,现在投向海外事业的资本主要来源于本国或外国出身的商人通过国内贸易所赚到的财富，特别是通过把上流社会和中产阶级所需要的外国商品进口到英国进行销售所赚到的财富。

在前面讲手工业行会的时候，我可能给大家留下的印象是：所有的手工业行会都是由地位比较低下的手工业者组成的，这或许是不可避免的。但我们注意到，14世纪早期，无论是在伦敦还是英国其他一些主要的贸易中心，一些公会已经因为其成员的财富和影响力从众多手工业行会中脱颖而出。在伦敦（在爱德华三世统治结束之前，已经有多达48家组织完备的手工业行会会派自己的代表参加市议会），大约有12家“大公会”很快超越了其他行会，它们是绸缎商公会、杂货商公会、布商公会、鱼商公会、金匠公会、皮革商公会、定制服装裁缝公会、男子服饰用品商公会、制盐者公会、五金商公会、酒商公会和制布商公会。现在，所有这些行业都需要有一定数量的资本。例如，金匠使用的原材料非常昂贵；尽管金匠师傅仍会亲手做一些精细的活儿（我们可能会在稍晚些时候的雕刻作品中看到他们的代表），但金匠公会中那些比较富有的人自然会有比较高的社会地位。裁缝也是这样，因为当时上流社会的衣着都非常昂贵。鱼商需要资本购买渔船及其他用具。很早就登上榜首并且在伦敦及其他任何一个大城市都有的三大公会，绸缎商公会、杂货商公会、布商公会，其会员全部都是商人，一个制造者也没有。布商是从实际负责剪布备用的剪切工发展而来的，但他们很快就将剪布的工作留给了别人，自己专门从事采购和销售——布商公会的重要性印证了英国制布业的快速发展。而杂货商，无论是进口商还是进口商品的经销商，都与布商明显不同。他们的货物都是各种各样的香料和药品，他们的名称（Grossiers）也暗示着他们做的主要是批发生意。同样，经营各种“布料”——亚麻、帆布，最重要的是绸缎——的绸缎商之所以叫这个名称是因为他们不仅是经销商，而且还要加工自己的“货物”（mercimonia）。很多商人探险家都是从这些公会中招募来的：在从事新的海外事业的同时，每个探险家仍是他所在的那个地方的市公会的成员——事实上，如果想要享受市政特许权，他们一定要是某个行会的成员才行。但是，他们跟绸缎商之间的联系是最密切的。关于一个成功的绸缎商能积累多少资本，我们可以从分别于1398年、1407年和1420年“三次担任伦敦市长”的惠廷顿（Whittington）的故事中搜集到线索。

事实上，伦敦很久以前就有富有的商人和金融家，他们已经成为城市寡头集团的重要组成部分。但是，他们大都是外国出身：有些是法国加斯科涅人，例如1275年波尔多市的市长，于1280年成为伦敦市市长；其他一些是意大利人，例如杂货商的先驱——胡椒香料商中的领导人物。英国出身的商人刚开始做大生意，他们通常跟控制着更多资本、能够将进口商品赊销给他们的外国人有生意上的联系。但是，到了14世纪中期，形势发生了变化。此时，英国人所拥有的资本使得外国资本在国内贸易中变得无用武之地，英国人有了足够多的资源以及足够的勇气、足够的知识，知道如何应付外国关税和外国货币，如何靠自己的力量冒险从事海外贸易。

我们常常听说，中世纪教会根据世俗立法和法庭的要求所进行的有关高利贷的教育未能承认“资本的生产特性”，在贸易的发展道路上设置了障碍。这种断言显示了对历史发展的无知。中世纪后期，我们所谓的“资本”只是刚开始出现，也就是说，世界上刚刚出现可以投资到贸易和工业的任何一个领域中去的积累起来的财富，人们也刚开始意识到的确存在这样的投资机会。资本所有者拿自己的财产“冒险”并承担真正的风险，希望获得高于其投入的回报，这样的投资行为，在任何神学家和教会（或“精通宗教法规的”）律师看来，都是完全合法的。因此，可以说教会并没有阻碍贸易的自由发展，而是促进了其发展，因为教会通过使用自己的影响力，将当时可支配的财富从只能贷给贫穷的统治者或挥霍无度的贵族或管理不善的修道院的贷款——在大多数情况下，这些贷款用现代的词汇说是“非生产性的”，用中世纪的词汇说是“无益的”——变成了更能创造经济价值的商业冒险。坎特伯雷大主教兼英国上议院大法官莫顿（Morton）在亨利七世统治初期对全体议员的一次讲演中清楚地表达了这种观点。他说道：“国王陛下恳请你们除了考虑国家的制造业以外，还要考虑贸易事务，要阻止以违规和无益的方式将财富用于放高利贷和非法交易，因为它们正常的用途是用于商业和合法的、高贵的交易。”

在欧洲南部地区，为了满足贸易的新需要，出现了资本主义组织索赛特（Societas），它是一种股份制的合伙企业或公司（我们将其称为合伙企业或公司都可以）。索赛特既可以采用所有合伙人都参与管理的简单形式，也可以采用为了适应航海企业的需要而出现的被称为康孟达（commenda）的特殊形式——近年来，这种形式以大家所熟知的“有限合伙”的形式在英国再次出现。但在英国，组织行会的习惯太过普及，并在很长一段时间里，彻底满足了形势的各种需要，因此，股份制在英国很晚才出现。它不是作为南欧索赛特的伴随物出现的，而是作为行会或协会本身不可避免的、迟到的产物出现的,是为了在遥远的地区从事贸易活动而组建的。无疑,即使在英国,偶尔也会出现一些家族合伙企业。为了在国内开展各种事业,例如开发矿山,偶尔也会出现一些大型的合伙企业。但我们找不到任何证据证明在从事对外贸易的英国人当中,也曾经出现过这种大型的合伙企业。实际上,商人探险家公司,就像其他的行业和商业行会一样,主张每个成员都要经历一段固定的学徒期,商人探险家公司的规则很容易成为组建大型合伙企业的障碍。只要商人协会(按英国的说法叫"公司")能够跟外国的权贵达成协议,使用会费或按成交额比例缴纳的捐款,协会就能在贸易中心所在的城市建起居住区或"住宅",因此探险家用自己的资金做生意就足够了。1553 年,一些"冒险家"成立了"发现远方(即俄国)未知区域、领土、岛屿和地区的商人探险家行会和公司",他们的代理人不得不经由白海到达这个国家,然后再往里行进数百英里到达其首都。在这种情况下,单凭个人的力量做生意显然是不可能的。因此,1553 年,英国成立了第一家真正的股份公司:有趣的是,成员或股东的人数有 240 人,每股价值 25 英镑。其他一些从事海外贸易的公司开始有样学样,尤其是,半个世纪之后,东印度公司也效仿了它的做法。然而,向新的公司形式的过渡并没有完成。因为俄国公司所使用的股份制,和后来东印度公司所使用的股份制一样,仅适用于每次单独的航程,每次航程结束之后,就会根据投资的比例来分配利润。商人冒险家花了一段时间经历了一些麻烦之后才发现,他们无法将每次航程的生意彻底分开并单独计算其盈亏。永久性的合股,而不是定期偿还,是唯一便利的组织形式。

然而，我们已经超出了我们的讨论范围。15 世纪和 16 世纪上半叶英国对外贸易的快速发展是商人探险家推动的结果，但是他们没有达到拥有普通股本的程度。随着时间的推移，汉莎同盟的商人和意大利商人受到英国政府的保护，试图控制英国的贸易，这种状况越来越令人反感。英国探险家试图进入大家一直眼红的被汉莎同盟和威尼斯人所垄断或影响的地区，但汉莎同盟和威尼斯人对英国探险家互惠主义的要求充耳不闻。而英国政府一直不愿放弃从外国人那里获得的收入，不愿危及跟他们所代表的国家之间的政治友谊，结果导致这个不可避免的后果（即汉莎同盟和威尼斯人被剥夺在英国的特权）被延后了。1534 年，威尼斯人失去了他们的特权地位，他们态度强硬地拒绝让英国商人进入黎凡特分享他们的马姆奇甜酒和无籽葡萄干生意。在半个世纪之内，在苏丹（当时他已经做好了充分的准备，要支持自己古老的敌人——威尼斯人的对手）的帮助下，商人探险家在地中海东部地区正式成立了黎凡特公司，为英国提供之前一直靠威尼斯商人供货的商品。商人探险家与汉莎同盟之间的争吵持续的时间更长。威尼斯商人遭到驱逐，不得不放弃每年的英国经商之旅，但这时候斯蒂尔亚德商站的德国商人仍然继续享受着他们引以为傲的地位。霍尔拜因（Holbein）刚到英国的时候，找了份为汉莎同盟的领导成员画像的工作。他为他们在安妮·博林（Anne Boleyn）加冕游行时设计的游行队伍令当时所有伦敦商业公会的游行队伍全都黯然失色。汉莎同盟的商人委托霍尔拜因为他们的会堂画了一幅饱含寓意的画作，这幅画刻画出了他们对自己心满意足的状态：跟中世纪的"贫困的胜利"的观念齐名，这幅画表现了"财富的胜利"这一现代的、商业化的观念及其所称颂的德行。直到1597年,德国商人因断然拒绝让英国商人进入德国独占的区域而最终失去了他们的特权,离开了斯蒂尔亚德商站。但这个时候,老汉莎同盟已经解体了。探险家无法从整个汉莎同盟得到的东西,他们能够从组成汉莎同盟的单个城邦中获得。1611年,经过很多变迁,商人探险家终于在汉堡定居下来,并获得了很多有利的特权。商人探险家从汉堡能够为他们的布匹在整个东德地区找到销路。"英国法庭"在汉堡一直保留下来,直到1806年,拿破仑才下令将其解散。

第五讲　家庭工业和都铎王朝的民族主义政策

我们已经看到，羊毛工业在英国经济发展过程中发挥了极其重要的作用。它为15和16世纪影响深远的农业变革提供了解释：凭借它所提供的商品，英国开始积极参与世界贸易。羊毛工业的重要作用怎么说都不为过。羊毛工业是英国的首个大型制造业。在钢铁业和棉纺业之前，它为英国的经济活动创造了基础，积累了财富。在17世纪和18世纪早期，它在英国出口总额中所占的比重超过了2/3。羊毛工业彻底颠覆了英国的贸易政策，这一惊人的事实足以证明其影响力。英国羊毛的出口，曾经是政府财政收入的主要来源，也是英国与外国进行贸易往来的主要理由。但从1660年到1825年，英国政府却完全禁止羊毛出口。现在，我们还是要来研究一下工业的内部组织，我们会发现它带来了一些非常有趣的现象。在运输业发展起来之前的几个世纪里，人们无法将亚洲或美洲的棉花运到英国。当时，只有富有阶级才穿得起毛皮和丝绸，普罗大众普遍穿的是呢绒衣物，在大多数地区，呢绒几乎是老百姓唯一的衣料。因此，呢绒生产的组织有着极其重要的意义：它以明确无误的形式用例子证明了，在所有的国家以及几乎所有的地区，在当时各种不同条件下劳资关系都必定会呈现的各种形式。专业的产业工人一出现就主要从事制造业，并且大部分都聚集在城镇中，他们所采取的形式就是我们现在所说的行会制度——我们已经了解了行会制度的主要特点。有关12和13世纪的市政史，我们还有很多不了解的东西；但在这段时期，在西欧所有的大城镇中都出现了羊毛纺织工人行会并引起了人们的关注，而显著程度仅次于它的则是从事布制品生产其他和后续加工过程的漂洗工行会和染色工行会，这一事实的确很有启发性。这些社团在很多其他手工业者开始聚在一起组成团体之前一个世纪或更早就已经出现了，原因只能解释为他们的人数要比其他手工业者多，而他们人数众多的原因则是他们生产的产品满足的是人们更基本的需求。

但是，就像羊毛工业第一个大规模采取了行会形式一样，它也第一个脱离了行会制度。这也是因为同样的原因——需求程度。英国能够生产大量的优质羊毛。最开始缺少的是工艺技术。无论现在的情况如何，几个世纪前的经济史充分证明了弗里德里希·李斯特(Friedrich List)的观点：对于一个国家而言，创造"生产力"要比仅仅拥有"交换价值"更重要。英国将自己的生产力主要归功于历尽艰辛来到这里的外国人，无论当初这些人是否受欢迎。羊毛工业所必需的手工艺技能主要是在两段时期从荷兰传入英国的。爱德华三世统治时期，大批移民从低地国家来到了英国；大约两个世纪之后，在伊丽莎白一世统治初期，又有大批移民从低地国家来到了英国。在第一次移民中，这些人是因为国内的纠纷——因为两大纺织城市根特和伊普尔及其纺织支数之间的竞争，因为大城市与周围农村地区之间的利益冲突——而被迫离开了自己的国家。在第二次移民中,人们是因为阿尔瓦(Alva)的宗教迫害而被迫离开自己的故土。我们现在要讨论的是第一次移民;因为,早在伊丽莎白时期之前,产业组织的变化就已经清楚地表现出来了。

显然,英国的每一个城镇都曾经生产过粗糙的、加工不精的布料。织布工通常直接跟客户或雇主打交道——我加上了"雇主"是因为织布工通常织的是雇主的纱线。但随着各处织布工技艺的提高,生产有了往某些特定的地区集中的趋势。全国各地都在养羊。我们已经看到,在 15 和 16 世纪,养羊的吸引力大到导致英国中部诸郡的大部分地区都发生了圈地运动。后来,像莱斯特和林肯这样的郡凭借拥有有草的开阔高地和沼泽地的自然优势成为了规模较大的牧羊区;因此,羊毛商(或"出口羊毛的斯特普商人")变得比以前更需要收购原材料,然后再把它们运给英国其他地方或国外的用户,或运给在伦敦或其他港口的外国商人。而且还不止这些:如果往前追溯,我们会发现,早在 14 世纪,英国就兴起了布商组织,它在英国各地成员人数众多,因此,1397 年英国政府在伦敦的布莱克威尔大厅为他们建立了专门的市场——无论是在伦敦还是在其他大城市,布商公会都是最富有的商业公会之一。无疑,这些经销商,或按照大家对他们的称呼——"布商",不仅收购布料销售到离产地较远的英国的其他地方,还会收购布料出口到国外。他们的存在证明生产者和消费者之间的距离在不断拉大,因此需要有中间商。

但是,随着市场的扩大,中间商及其为生产服务的机会变得更多了。市场的扩大是布料海外市场发展和延伸的结果,它大体发生在 15 世纪下半叶。

如果我们以汉莎同盟的商人缴纳关税的商品为指标来计算英国的贸易总额，我们可能会得出如下结论：在15世纪上半叶，布料出口增长相对较慢，整个上半叶大概只增长了50%；但在15世纪下半叶，布料出口额却增长到原先的三倍。我们发现，在15世纪下半叶，产业组织发生了四个重要变化。第一，织布以及布料生产的其他子行业正在离开城镇，转向乡村、小村庄和农村远离村庄的村舍；第二，随着工人离开城镇，羊毛工业的行会组织也变得支离破碎，但正如我们将要看到的，英国政府仍要求他们执行学徒制度；第三，羊毛工业聚集在某些特定的地区——当代的一位历史学家将它们称为产布的诸郡，这些郡主要有东部的诺福克郡、萨福克郡、艾塞克斯郡以及西部的威尔特郡、萨默塞特郡、德文郡；第四，出现了一个新的企业家阶级——人们将他们称为"呢绒商"，他们现在控制着整个生产过程。正如伊丽莎白一世时期的《学徒法》规定的那样，呢绒商的基本职能就是"生产布"。1806年著名的议会委员会发现，1456年的一条法令所揭示的状况与340多年后依然存在的状况非常相似：呢绒商"将羊毛运去"梳理和纺纱，接着将纱线发给织布工织成布，然后再把布交给漂洗工或"打褶工"黏结起来并清洗干净。

这一显著变化提出的很多问题是我们目前回答不了的。我们可能会问，呢绒商的出现所需要的资本和想法是从哪儿来的？这些资本和想法可能有很多来源，但主要是来自布商或布料经销商——从事布料销售的人通过自己购买羊毛纺成纱线、为贫穷的织布工提供必要的材料来从事布料生产，这是顺理成章的事情。乡村织布工是从哪儿来的？很可能是来自不太成功的手工业者，特别是来自城镇里那些不满的熟练工人，他们现在成为一个独立的产业阶级，不能再期望挤入“师傅”的小圈子。下面我们将会看到，由此带来的后果是，英国进入了我们前面区分出来的工业发展的第三个阶段——这一阶段的主要特征就是为技工提供材料和就业的中间商处于主导地位。我们已经发现，经济学家习惯使用一个不太令人满意的术语，“家庭生产制度”(domestic system)或“家庭工业制度”(Haus-industrie)来称呼这个阶段，因为跟后来的“工厂制度”相比，生产过程仍是在工匠自己家进行的。无论怎么称呼它，此时，我们都能非常明显地分辨出一个介于拥有独立的手工业者的行会制度和拥有大批聚集在一起的工人的工厂制度之间的中间或过渡阶段。可以说，之前在商业中累积起来的资本此时又回到工业领域，并且开始控制生产过程。在其他国家的各种纺织业中，例如荷兰和西里西亚的亚麻生产以及法国的丝绸生产，实际上，在所有在机器出现之前发展起来的各种大规模制造业当中，例如 17 世纪谢菲尔德兴起的刀具制造业以及 18 世纪英国兴起的制帽业和制靴业，都出现了同样的制度，这似乎说明家庭生产制度的出现是经济因素发挥作用的自然结果。货物是由小本经营的师傅在小作坊里生产出来的，在这种情况下，唯一可以快速推动制造业发展以满足快速增长的需求的方法就是资本家自告奋勇地站出来，提供材料并承担起寻找市场的任务。

和其他地方一样，英国的经济形势因为下面这种情况而变得复杂起来：新的、大型的工业及其新的组织形式在某些地区的村庄里逐渐发展起来，与此同时，在很长一段时间里，在城镇中，身为公会成员（公会是中世纪行会的直接代表或派生物）的独立的工匠师傅仍在继续从事很多只能满足当地人或有限需求的旧行业。公会继续存在，但已经不再是英国更广泛的职业的典型特征了。值得注意的是，1712 年，一位小册子作者创造了一个名叫“约翰·布尔”(John Bull)的英国人形象（自此，“约翰牛”就成了英国人的代名词），约翰称自己是一个呢绒商，他日常谈论的话题就是“布莱克威尔大厅的事务以及绒面呢、羊毛和牲畜的价格”。

现在是时候介绍任何一位认真研究都铎王朝历史的学者都不会忽视掉的一个因素了，那就是国家的调控能力。自从诺曼国王们在这里建立起强大的统治开始，英国就从来没有像某些欧洲大陆的国家一样彻底逃脱过中央政府的控制。亨利二世及其继任者们精心构建的法律和行政机构，爱德华三世统治时期议会所进行的立法活动，这些在很大程度上将整个英国纳入了一个包罗万象的政治体系。中世纪后期，在欧洲大陆的大多数地区，中央集权制的国家政权是不存在或势力极其薄弱的，各个城镇和城市的权力机构代替了国家在调控经济生活中的作用。工业和商业关系的单位是城镇，而不是国家，也不是像后来德国那样以“区域”或公国为单位。在这一点上以及经济的其他方面（例如采邑制度的盛行和行会的出现），英国跟西欧的其他国家是一样的。在英国，我们也可以将中世纪后期称为“城镇经济”时期，但英国的各市政当局并不像意大利或德国的市政当局那样不受外部控制——我们已经看到了中央政府在某些方面（例如管理羊毛交易市场）的深远影响力。

到了都铎王朝时期，中央政府对人民经济生活的控制变得更加明显。这是民族精神在经济领域完美爆发的自然结果——民族精神是都铎王朝后期的一大特色。国家前所未有地把自己看成一个整体,有了这种团结一致的感觉,国家自然想要看到其理想在全国范围内都得到贯彻和实现。为了做到这一点,政府成了国家意志的代表。

都铎王朝的统治机构分成三个部分。首先,由议会赋予国家政策以法律效力。这一时期出台了很多会给经济生活的组织带来重大影响的重要法令,最著名的两个例子就是伊丽莎白一世登基后不久出台的后来被称为《学徒法》(the Statute of Apprentices)(1563 年)的法令和几乎是在伊丽莎白一世统治快要结束时才出台的《济贫法》(the Poor Law)(1601 年)——《济贫法》将 60 多年来实施的一系列实验性措施以立法的形式规定了下来。实际上,这一时期,议会所有的提案都离不开国王及其顾问团。议会的存在是为了给政府提供有关国家需要的信息,并以全国性协议和默许的形式为凭借政府智慧制定出来的政策提供支持。正是因为议会在实现这一目标方面具有实用性,所以才在亨利八世专制统治时期也幸存下来。在都铎王朝的大半时间里,政府机构的第二个组成部分枢密院是行政管理的真正中心。枢密院既负责颁布法令,在法令通过之后,还要负责其实施。值得注意的是,直到风雨飘摇的查理一世第一次议会时期,才有了为国会法院祈祷的祈祷文,直到 1662 年,为国会法院祈祷才成为英国教堂仪式的常规内容;但在 1549 年起草的英国国教祈祷书的最初版本里面就有两段为枢密院祈祷的祈祷文——一段在连祷中,一段在圣餐仪式中。这足以证明枢密院在公众心中的地位。都铎王朝统治机构的第三大组成部分是地方行政机构——治安法官(the Justice of the

Peace)，他们要么单独行动，要么跟季审法庭(Quarter Sessions)的同事联合行动。治安法官办公室从爱德华三世统治时期逐渐发展起来，它跟为了实施因为黑死病而制定的劳工立法而设立的劳工法官(the Justice of Labourers)办公室合并在一起。但是直到都铎王朝时期，它才有了明确的形式。

自此以后，治安法官在英国政治和社会制度中所占的地位总的来说非常独特，而且英国的社会活动家都非常清楚这一点。伟大的首席法官爱德华·柯克爵士(Sir Edward Coke)写道："它是为了维护国家的和平与稳定而设立的一种次级政府形式，整个基督教世界的任何地方都不曾有过。"在其他地方，国家政府用来管理各地区的行政机构只有两种选择：要么不得不将地方行政交给地方权贵(在农村地区，地方权贵当然是较大的领主)，这样做意味着封建主义会存在下去。要么由中央政府在各个地区安置一些从首都派下去的专门的官员，这些官员在当地可能没有自己的利益，不会偏袒任何人，但同时他们对当地也没有感情，或者在当地也没有影响力；如此一来，地方行政机构就变成了官僚机构。唯有英国能够在很大程度上将这两种方法的优点结合起来——无论结果是好是坏，我们都不能仓促地得出结论。治安法官实际上是地方上的乡绅，他们非常熟悉当地的情况，并且在当地有一定的势力；但他们是通过皇室的任命获得的权力，并且他们要在中央政府枢密院的审查和控制下开展工作。

这种制度的缺点——每种制度都有自己的缺点——就是作为政府行动代言人的这些机构不可避免地带有阶级偏见。17 世纪下半叶，枢密院的有效监督以及必要时所采取的威压被取消了，直到这个时候，英国行政机构的缺点才开始超过其优点。

现在让我们来看看枢密院经过议会批准并通过治安法官实施的政策，更确切地说，是来看一看政策背后的原则。这些原则是中世纪的伟大思想家提出的，现在应用到了全国，并由国家权力机关进行实施。它们始于秩序观念而不是自由观念。国家要维持良好的秩序；维持良好的秩序是指要将国民分成适当的等级，每个等级都有自己适当的责任和义务。

伊丽莎白一世统治末期，莎士比亚在《特洛伊勒斯与克芮丝德》(*Troilus and Cressida*)中，让其中一个角色说道：

> “宇宙星辰都要循轨迹而行；人也要循规蹈矩，各守本分。”

接着，他又表达了在当时的思想家当中比较流行的观点，即就连“进取心”——他说的进取心是指每个公民在各自的位置上应该做的事情——都要依靠“等级”的维系。

> “如果作为通往所有上层建筑的阶梯的等级发生了动摇，
> 那么进取心就会出问题！
> 社区，城市中的神学院和兄弟会中的等级，
> 跟外国的和平贸易，
> 长子继承权和生来就有的特权，
> 年龄、王冠、权杖、桂冠所带来的特权，
> 没了等级，将如何维系？

只要没了等级，所有的秩序都将被打乱。

听！整个世界将随之变得多么嘈杂。”

因此，1549 年编写的供各种出身的孩子学习的《教理问答手册》中写道，一个人在被带到主教那里接受坚信礼之前，他应尽的义务清单的最后一条是每个人都理应“真诚地学习和劳动以便为自己谋生，在上帝召唤我去的位置上尽自己的本分”——这个位置不一定跟出生时上帝所赋予的位置一样。无疑，都铎王朝时期的人认为，对于大多数人而言，他们的“地位”实际上是由他们的出身决定的。但是他们不认为社会等级是一成不变的；他们总是承认，一个人会蒙上帝所召，从出生时所处的地位变成另一种地位。而无论他处在何种地位或等级，他都必须谨守本分。

但要做到这一点，人需要接受培训。大家认为，政府有义务确保一个人确实接受了培训。因此，伊丽莎白一世统治时期出台的《学徒法》将七年强制学徒制度扩展到了全国所有的制造行业，在此之前，只有一些行会在市政当局的支持下在实行强制学徒制度。“除了现在正在合法从事某种职业的人之外，任何人从事英格兰和威尔士境内现有的任何一种行业都是非法的，除非他在该行业至少接受过七年的学徒培训……如果一个人现在还不是工匠，那么除非他做满学徒期，不然就不允许他从事这个行业的工作。”“境内现有的”里面使用的“现有”一词当然并不是一种限制，但是 18 世纪的法官判定，它的效力是将法令限制在 1563 年已经建立起来的这些行业上面；因此（这一点非常重要），18 世纪才出现的棉花行业和钢铁行业在学徒制度方面都不受任何法令的制约。

根据假定，一个人接受过专门的培训，就可以找到合适的工作。如何应对事实证明这种假定不成立的情况，我们马上就能知道。人们普遍认为，只有拿到合适的工资才算找到工作。政府试图通过在枢密院控制下的治安法官评估制度来实施这种信念。自从黑死病爆发以后，议会一直尝试着想要确定农业劳动者的报酬。我们必须小心，不能将这一政策理解为仅仅是领主自私想法的结果。所有受过教育的人的共同看法都是支持政府当局将“公平价格”的一般原则应用到劳动者身上。显然，因为瘟疫使劳动力变得稀缺从而索要高工资，跟因为暴风雨让城镇中的很多人无片瓦遮顶从而高价出售瓦片（这个例子真的发生过）一样，都是不道德的。让当时的供求状况决定这些事情，就是放弃了政府的义务和职责。约于1377年创作了《农夫皮尔斯》(*Vision of Piers the Plowman*)一书的威廉·朗格兰(William Langland)在这件事情上的态度非常值得注意。人们常把朗格兰和乔叟进行比较，他们一个代表了人民，一个代表了法庭。例如，J. R. 格林(J. R. Green)将朗格兰称为“令人生畏的穷人的诗人”。但是，朗格兰并不同情“没有土地，靠双手生活”，不满意“只放了一天的麦芽汁”、“彭妮啤酒”和“一块很好的熏猪肉”，吵着要吃“新鲜的肉或鱼”的劳动者：

> “别人必须出很高的工资雇用他，要不然他就会咒骂，
> 抱怨自己作为一个工匠活在世上的悲哀，
> 在国王和枢密院批准了令劳动者苦恼的法律之后，
> 他会诅咒他们。”

朗格兰严厉地警告他们说饥荒时代很快就要来了，这会让他们的心境变得更宽容。

劳工法的实施一直困难重重。16世纪中期，先是在亨利八世和爱德华六世统治时期发生了货币贬值，后来又从美洲新发现的矿藏流入了大量白银，结果导致物价上涨，使得劳工法的实施难度进一步加大。但这些困难还远不足以说服政府让人们通过自由契约确定工资，它们所带来的影响仅仅是促使政府用随生活成本的变化而变化的工资范围取代之前法律所规定的固定不变的工资。我们已经提过的1563年出台的《学徒法》一开始就承认，“鉴于价格的上涨”，现行的有关工资的法律“无法在不给贫穷的劳动者和被雇用者带来极大痛苦和负担的情况下非常便利地得到充分的实施”。它继续陈述道，因此，我们需要的是，“无论是在劳工稀缺的时候还是在劳工充足的时候，都能给被雇用者提供适当的工资率”的立法。因此，它规定，每个郡或城镇的治安法官在每次季审法庭在复活节开庭时，“在把他们想见的一些谨慎、认真的人叫到一起、就当时劳工是稀缺还是充足一起进行协商之后”，应该“有权力评定和确定”所有劳动者和工匠的“工资”。治安法官要向大法官法庭证明他们确定的这些工资是合理的。“因此对大法官来说，在向女王……或领主或枢密院的其他成员申报之后，将他们确定的工资印出来并公布出去是合法的。”“如果”任何一年“碰巧不需要做任何改变，那么前一年所公布的工资继续有效”。

正如后来的一项法案解释的那样，要把对工资的控制扩大到所有手工行业，这是一个政治意图，即有意识地力求把它当成一个国家政策。但是人们对这个法案是否打算将诸如为呢绒商工作的织布工之类的“家庭”工业的被雇用者也涵盖在内产生了怀疑。首先，最初的法案似乎只强调了农业工人和之前受控制的某些手工行业行会的会员。其次，该法案暗示说工资指的是计时工资，但在羊毛工业，以它现在采取的这种形式，工资通常是计件工资。因此，1597 年 8 月出台的一项法案非常明确地规定，“任何劳动者，无论织布工还是纺织工，无论男工还是女工，无论是按天、按周、按月或按年计酬，还是从任何人手中接活干”，即按件计酬，治安法官都有权评定他们的工资。立法者觉得为了保护家庭织布工，有必要进行干预。1603 年 4 月出台的一项法案就体现了这种想法。该法案不仅确认了对治安法官权力的这种界定，而且还进一步规定，“如若呢绒商或其他人拒绝遵守上述评定的工资，不付给他们所雇用的织布工、纺织工、男工或女工这么多的工资……那么违反规定的每个呢绒商或其他人每违反一次，就要向受害方支付 10 先令的罚金”。后来，立法者又想到，很多呢绒商会成功到自己当上治安法官的程度，这些当上治安法官的呢绒商可能在季审法庭上有太大的影响力。于是，立法者又在这个法案里专门加了一条重要的限制条款：“任何担任治安法官的呢绒商都不得参与评定织布工、打褶工、纺织工或其他以制布为生的手工业工人的工资。”

我想，像这样的条款的明确的含意可以帮助我们得出有关立法总体性质的结论。有些学者将它描述成雇主阶级为了降低工资实施的一个大阴谋。我不同意他们的观点。我认为，它是为了让每个被雇用者得到合适的工资以及随生活成本的变化而变化的工资而进行的一项诚实的尝试；但很明显，在确定“适当的工资率”，即适合“被雇用者”身份的工资的时候，治安法官不可能犯将工资评定得太高的错误。担任治安法官的呢绒商的例子表明，政府非常清楚存在利己主义倾向的可能性，并会采取各种措施消除这种行为。另外的问题就是：治安法官会在多大程度上遵守这项法规？雇主们会在多大程度上遵守评定的工资？大约30年前刚开始讨论这一话题的时候，在1593—1684年间，为人所知的工资评定只有十几次。但从那时候开始，众所周知的工资评定就有一百多次。这足以证明，在整个17世纪，工资的年度评定已经成为每年复活节季审法庭的正常工作的一部分。还有很多证据证明，总体而言，雇主们都在遵守评定的工资。但目前我们还没有足够的证据确定在多大程度上以及在多长时间里评定的工资能与生活成本保持同步。某些时候进行的评定的工资的变动与小麦价格变动之间的对比不太令人信服，因为治安法官要充分考虑劳动者的各种需要而不仅仅是小麦面包。正如1651年艾塞克斯的治安法官宣称的那样，他们的职责就是"要专门注意和考虑当时各种食物和服装的价格，无论是亚麻服装还是呢绒服装，以及各种必要的花费"。1999年左右统计学家才构建出"物价指数"来显示20世纪工薪阶层生活成本的变化——17和18世纪的物价指数还有待计算。

18世纪上半叶，评定工资的惯例逐渐被废弃。在布制品行业，人们完全不把这一惯例放在眼里。1756年，经过格洛斯特的呢绒织布工人的请愿，政府通过了一条法规，赋予法官根据厄尔数确定工资的权力，尽管根据尚未废除的伊丽莎白一世时制定的法规，法官已经拥有了这种权力。1757年，在呢绒商的请愿下，这条法规被废除了，而且在呢绒行业，1563年颁布的《学徒法》里的工资评定条款也以含蓄的方式被废除了，因为现在的法律规定，未来，工资要由双方签订的自由契约决定。政府给出的理由是：不同种类的布宽度各不相同，所使用的纱线的重量也各不相同，而规定每织一厄尔或一单位长度的布工资是多少的做法无法兼顾到这些因素。1757 年中央政府放弃对当时英国极其重要的行业的工资管制，这件事情意义重大。这表明，早在机器或工厂出现之前，政府就已经放弃了工资管控制度。在尚处于家庭生产阶段、没有使用“电力”的工业中，雇主们摆脱了工资管控制度。政府给出的理由有一定的说服力。随着产品种类的增加，合适的工资列表必须变得足够详细和详尽。我们发现，今天，所有想要通过联合协定或法定机构确定工资的尝试都在这么做。很可能，18 世纪的法官们根本就不具备必要的技术知识。

1757 年以后，法庭就做过一次想要控制工资的认真尝试，这就是《斯皮塔佛德法案》。该法案是 1773 年为了保护伦敦丝绸织工的利益而通过的，实施效果相当成功，但它仅限在伦敦实施，并没有影响到考文垂和麦克莱斯菲尔德相对比较便宜的丝绸制造业。这项立法之所以有效，部分是因为生产出来的产品是奢侈品，部分是因为治安法官们在制定工资的时候参考了雇主和雇工之间的协议。在这一特例中，其规定总体而言非常成功，所以《斯皮塔佛德法案》一直保留了下来，直到 1824 年才被废除，而伊丽莎白一世时期出台的对工资进行控制的法案在 1813 年就被废除了。治安法官控制工资的权力没有给人们留下痛苦的回忆。因为在痛苦的工业革命时期，各种工人组织反复想起诉诸伊丽莎白一世时期出台的《学徒法》，并多次请愿要求重新实施该法案。但对于这个令人尴尬的要求，议会做出的回复就是彻底取消了这个法案。

不到一个世纪之后，立法开始走回头路。根据1909年的法案，政府成立了劳资协商会来“确定”某些普遍被称为“低工资高劳动强度的”“行业的最低工资率”——用该法案的原话来讲，这些行业“工资率异常地低”。劳资协商会的成员不仅包括相同人数的雇主和工人代表，还包括劳资协商会认为合适的“委任成员”，其人数少于代表成员人数的半数。劳资协商会由“委任的”主席主持。前五大劳资协商会中“委任”成员的人数分别为3人（共计15人）、3人（共计35人）、3人（共计19人）、5人（共计21人）和3人（共计11人）。他们都是一些被大家公认为很老练的人。无疑，通过耐心地使用交际手段，他们能够最大限度地达成一致；但很显然，他们处于举足轻重的地位。1921年，政府迈出了更大的一步，成立了法定机构，和必要的“地区规则”一起为全国煤矿里所有的井下工人“解决”“最低工资率”问题。如果任何一个委员会都没能达成协议，那么在万不得已的情况下，就由参加地区联合委员会的各地区委员会的主席组成这个法定机构，因为这些人本身就接到了命令要去制定工资率和规则。在没有达成协议的情况下，这些主席由劳资协商会任命。根据这些法规确定的工资就跟过去根据治安法官的评定制定出来的工资一样，都“受国家的管制”。说它们受国家的管制是从两种意义上来讲的：第一，它们不是由相关各方（要么是个人，要么是社团）之间的自由契约确定的，而是由从国家获得权力的行政机构确定的；第二，在万不得已的情况下，这个行政机构掌握在国家行政部门任命的人手中。虽然从某种程度上来讲，这些地方机构只是国家行政的代表，但是通过地方机构使用法定权力控制工资，就像直接由英国政府控制工资一样，也属于国家管制。今天,更实际的问题不是自由契约是否能被国家控制所取代,而是实施国家控制的最明智的方法是什么。我想补充一点,在批评伊丽莎白一世时期的法规表达不明确("适当的工资率")之前,我们可以问问自己,爱德华七世和乔治五世时期的立法在做出判决所要依据的原则方面,是否同样清晰。在指挥当局获得有关"当时劳工是稀缺还是充足"的信息方面,1563 年的立法至少意识到应该考虑生活成本,而 1909—1912 年的立法甚至连提都没提。

现在让我们回来看一看都铎王朝政策的其他特点。接受了适当的培训并得到了"适当的"工资之后,每个人都有义务工作。一项项法规都想当然地认为凡是想要工作的人都能找到工作。一系列越来越严厉的法规都严禁身体健全的乞丐在街头流浪。这些人将会当众遭受鞭打(1598 年的一项法规规定),"直到被打得遍体鳞伤。然后,如果知道他在哪里出生的话,就立刻用最近的路线把他送回去;如果不知道他在哪里出生的话,就立刻把他送回上次他住满一整年的那个教区,在那里,他要尽真正的国民的本分——参加劳动";如果他没有教区可以"定居",如法律规定的那样,他就会被送到劳教所(劳教所是法律批准建立的),"一直待在那里从事劳动直至找到工作"。

但并非所有的贫困者都是"健全的",即如果他们愿意,就能够自谋生路。16 世纪的人渐渐意识到,除了一些"游手好闲的人和胆大的乞丐"之外,还有一些"体弱、低能和腿脚有残疾的人,这些人才是真正的穷人"。政府必须帮助这些人。在一个秩序良好的国家,政府不能让任何一个合格的市民饿死。因此,为了救济"真正的穷人",都铎王朝政府逐步建立起了《济贫法》;1601 年,英国政府颁布了明确的《济贫法》。《济贫法》真正的起点是1536年政府颁布的法规，该法规要求各个教区承担起救济本教区穷人的责任。我们无意中还注意到，在将国家的教会组织——教区（即隶属于村庄教会的区域）作为社会行政管理单位的所有法案当中，该法案是其中最重要的一个。现在，在人们的生活中，地方法庭和教区机构开始取代采邑领主和采邑法庭之前所占据的位置。实现这种转变比较容易，因为在农村地区，大多数情况下，教区和法庭只不过是换了名字的采邑和采邑领主。关于教会堂区的用途，我们可以在《济贫法》的发展历史中找到答案。《济贫法》是从自发组织的慈善机构的管理制度发展而来的。最开始，政府觉得只要做好以下两件事情就足够了：第一，每个教区的教会执事要做好谨慎和适当的安排，在每个礼拜日、宗教节日、其他节日和其他时候，拿着捐款箱去收取本教区虔诚的信徒们的慈善和自愿捐助；第二，牧师"在每次布道的时候……每次听人忏悔的时候和每次许愿的时候都要劝诫、鼓动、呼唤和煽动大家慷慨解囊"。法律明确规定，当自愿的捐助不够时，教区的居民就不能"仅凭自己的自由意志和善心随意进行捐助"。但当时，慈善组织失灵了，正如后来它也常常失灵一样。1555年，政府颁布的一项法令规定，任何拒绝进行适当捐助的教区居民都应受到主教和教会执事的"温和劝诫"，如果他仍然坚持不捐的话，主教应该把他叫来当面予以斥责。1563年，政府意识到就连主教的斥责可能也不管用。于是，政府规定，治安法官（或城镇的市长）应该召见"顽固不化的人"，估定他应该捐助的金额。最终，1572年，治安法官获得了授权，可以直接估定捐助额以及任命济贫官负责全部济贫事务。

因此,救济穷人的活动要受法官的监督。那么,又由谁来监督法官呢?答案是枢密院。直到近些年,英国一直有别于欧洲大陆其他国家的一点就是英国拥有系统的国家济贫制度,这一点非常引人注目。因为在这件事情上面,并不是英国带的头,所以这一点变得更引人注目。英国效仿了低地国家、法国和德国。其中涉及的原则,路德教和慈运理派都清楚地为其教徒宣讲过,人道主义者维韦斯(Vives)也向天主教徒宣讲过,西方世界的最高神学法庭——索邦神学院(the Sorbonne)也讨论过并接受了这些原则。当受到启发的伊普尔市政当局将这些原则付诸实施的时候,它们引起了普遍的关注。令人好奇的是,佛兰德的一个城市,伊普尔,成了救济穷人改革的领头羊。而在我们这个时代,另一座城市根特,成了失业保险改革方面的带头人。但因为种种原因,欧洲大陆的济贫措施仍然比较含糊,都没能永久地保留下来。但英国的结果却不同,因为在英国,枢密院牢牢地控制着整个国家,可以迫使法官尽他们应尽的职责。1629—1640年间,查理一世试图解散议会,枢密院异常积极地镇压乡绅。说来也怪,似乎正是在这一时期,《济贫法》最终深深扎根在了英国的土地上。无论在其他方面怎么样,在这方面,"彻底专横"政策是成功的。

这些就是都铎王朝政体的主要框架。它假定,通常,每一个身体健全、想要工作的国民都可以找到满意的工作。这种假定在或多或少有点儿静态的社会可能能够实现——在静态社会中,就业人数和就业分布基本没有变化或变化非常缓慢,因此劳动力能够毫不费力地进行自我调整以适应变化了的环境。但是,事实上,在这一时期,在不止一个方面,劳动力需求受到了剧烈的干扰。首先，在农村地区，因为圈地养羊，劳动力需求大量减少。“因为过去需要很多人耕种的土地，”托马斯·莫尔爵士写道，“现在只需要一个牧羊人或牧工放牧就可以了。”即便没有其他原因，就因为这个原因，都铎王朝政府也会毫不犹豫地加以干预，努力阻止圈地运动。此外，大法官培根（Lord Chancellor Bacon）在《亨利七世史》（*History of Henry* Ⅶ）中清楚阐明了另外两个原因。我们无意中注意到，培根的整个政治态度，都是建立在都铎王朝一贯的政策理论基础之上的。在培根看来，圈地运动既会有损国王的收入，也会有损国王的军事力量。下面我们引用了培根的一段文章中的部分内容，其中，他说道：“如果圈地运动开始变得更频繁，就会导致过去离开了人和家庭就无法耕种的耕地变成了只需要几个牧工就能打理的牧场。很多自耕农赖以生存的可以多年、世代和随意租种的土地都变成了牧场。……国王非常清楚，随之而来的就是王室特别津贴和税收的衰减；因为出身越高，津贴越少。”“在战争中具有最好判断力的人普遍认为，”他继续写道，“军队的核心力量是步兵团或步兵部队。要想拥有精锐的步兵团，就要给人们提供比较自由和富足的成长环境，而不是受奴役和贫穷的成长环境。因此，如果一个国家主要掌握在贵族和上流人士手中，农民只是这些人的工人和劳动力，要不然就只是这些人的佃农，他们只不过是一些有房子住的乞丐，那么你可能拥有精良的骑兵，但绝不会有优秀的、坚不可摧的步兵部队。法国、意大利及其他一些国家就是这样……因此，他们不得不雇用诸如瑞士的雇佣兵之类的队伍来充实自己的步兵部队。”

因此，政府颁布了一些制止养羊的法令，其中最重要的就是

1489年颁布的法令。该法令禁止推倒房屋,将面积20英亩或20英亩以上的农庄圈成牧场。按照培根的解释,这条法令的实施主要有两个目的——保留大量的自耕农和提供就业:"保留下来的房屋必定要有人住;保留下来供其耕种的土地也势必能保证住在农庄里的人不会变成乞丐或佃农,而是一个可能会雇用熟练雇工来耕种土地的资产颇丰的人。"从这时起,皇家调查委员会进行了一系列调查:最早的一次是在1517年,当时托马斯·莫尔爵士也是委员会的一名成员;1548年、1566年和1607年,皇家调查委员会又进行了三次调查;紧接着,1632年、1633年和1636年,又接连不断地进行了三次调查。这时,查理一世的枢密院试图不顾正在圈地的领主们的反对贯彻"彻底专横"政策,大主教劳德(Archbishop Laud)不受地主阶级欢迎的一个原因就是他强烈主张"将圈起的牧场变回敞田"。我禁不住会想,政府的行为,尽管时断时续,很容易时不时受到枢密院中某些大领主(例如,爱德华六世统治时期在枢密院中占少数的大领主)私利的干扰,但在阻止圈地运动方面,的确发挥了很大的作用。

然而,英国当时正在向生产国兼农业国转变。除了长期持续的农业劳动力转移之外,又出现了由工业制成品需求波动所引起的周期性经济不景气。在没有足够的知识、生产者之间也没有根据需求调整供给的协调一致的行动的情况下,偶尔的生产过剩是针对广阔市场开展生产的制造业不可避免的伴随物。我们已经看到,羊毛生产业是第一个,也是几个世纪以来唯一一个获得海外市场的英国工业。我们已经知道,从某种程度上讲,羊毛市场的扩展既是两个新的阶级——资本主义中间商,即呢绒商,和资本主义出口商,即商人探险家——出现的原因,也是它们出现的结果。海外布制品贸易一出现,就开始遭遇严重的周期性经济不景气和失业——通常是因为各种原因(经济原因或政治原因)所导致的临时失去海外市场所引起的。政府不想坐视不管。一方面是因为其整个社会政策都是建立在想要工作的劳动者总是能找到有报酬的工作的假设的基础之上的,另一方面是因为失业的织布工容易引起骚乱,危及社会治安。从红衣主教沃尔西(Cardinal Wolsey)时期到查理一世时期,枢密院在这方面采取了完全相同的政策。1528年、1586年、1622年和1629年,他们采取了同样的行动。他们派人到受影响的那些郡的治安法官那里,指挥他们把呢绒商传唤到他们面前,敦促呢绒商继续给劳动者提供工作。我们发现,在詹姆斯一世统治时期,据估计,一个生意非常兴隆的呢绒商——当时有很多这样的呢绒商——可以为大约500人提供工作。在了解了这一事实之后,我们就很容易理解当时枢密院为什么会采取这样的措施了。1622年枢密院写道:“我们不能容忍呢绒商在不提前通知本委员会的情况下随心所欲地解雇工人,因为这些工人人数众多,并且大多数都比较贫困,一旦失业,他们的吵闹很可能会扰乱当地的治安和行政管理。”呢绒商通常会回答说他们在布莱克威尔大厅无法为自己的布制品找到销路。他们称,伦敦的商人,特别是享有布制品出口垄断权的商人探险家,不愿购买他们的产品。于是,枢密院又会把商人找来,非常严肃地对他们训话,并威胁他们说如果他们不把积压在呢绒商手里的布制品买走,就剥夺他们的特权。

在家庭生产制度下,就业的波动可能比工厂制度下还要大。

因为在工厂制度下，厂商有着强烈的动机——这个动机一方面来自其固定的厂房设备，如果不生产产品，厂房设备就会闲置；另一方面来自租金、利息和其他的一般费用，这些费用只会不断增加而不会减少——想要让自己的工厂尽可能长时间地运转，生产存货。但在家庭生产制度下，呢绒商没有需要持续运转的工厂或厂房设备。

显然，面对枢密院的规劝，呢绒商指出商人们已经停止购买他们的产品，这是一个很合理的回答。商人们还有其他的选择吗？红衣主教沃尔西显然认为他们有："为了你们的方便，呢绒商每天花很高的成本把他们的布送到你们的市场，而你们却任性地不愿购买。"这种做法"不像商人的行为，而像那些牧场主的行为"——在圈地运动时期，牧场主就是自私自利的代名词。有趣的是，我们可以注意到政治家一听到赤裸裸地提及个人的商业利益是多么吃惊或假装多么吃惊。或许当时商人们手中就有了足够的资本让他们可以在一定程度上为因为复杂的国际形势而临时关闭的海外市场的重新开放做准备。枢密院对他们施加一点压力可能是有用的。但我们必须记住一点，当时的出口商都是独立经营生意。公平分摊提前备货待售风险的唯一办法就是合股，即由多名出口商共同出资。很快，1586 年，出口商们就开始这样做了。

但是，到了万不得已的时候，还得求助于《济贫法》。1622 年枢密院在给治安法官们的信中写道："如果穷人多到呢绒商雇用不了的程度的话，我们认为合适，因此需要你们做的就是安排实施这个法令，据此，通过建立公共储备……提供急需的工作。"这是伊丽莎白《济贫法》中经常被人忽视的一项内容。1601 年出台的法规要求设立的济贫官(the Overseers of the Poor)——效仿1572年颁布的立法中的做法——要“储备适当数量的亚麻布、大麻纤维、羊毛、线、铁及其他材料,以便让穷人找到工作”。有关这一政策的完整历史还有待研究。或许,随着时间的推移,这种需要减少了;但实际上,在半个世纪或更长的一段时间里,在很多地方,教区的权力机构的确都在设法为失业的劳动者提供工作。这些尝试常常是管理不善、组织不力。我们不知道教区的权力机构如何处理这些产品;但另一方面,我们当然对当时的情况也缺乏足够的了解,因此无权谴责都铎王朝所采取的这种临时政策。

第六讲　农业地产和英国自治

在这一讲中，我打算谈谈从1688年光荣革命以来几个世纪里英国农业用地的分配和耕种情况。尽管我们很想再往前追溯一下，但不得不选择光荣革命作为起点，因为我们从当时的统计学家格雷戈里·金(Gregory King)的计算结果中找到了一些统计依据。根据他的估算，当时英格兰和威尔士总共有550万人口。如果我们相信他的计算结果的话，在这些人口当中，有450多万人仍从事农业，只有不到50万人从事制造业和国内贸易。大约75年之后，著名的农村《游记》(*Tours*)(写于1769年)的作者阿瑟·杨(Arthur Young)估计，当时的人口至少有850万；在这些人当中，他只把不到300万人归入了农业，把恰好300万人归入了制造业。这些估计值都不太严谨。但如果它们在任何程度上与事实一致的话，它们不仅证明从事制造业的人口有了大量的增加，而且还证明农村人口的绝对数量和相对数量都有了大幅度的减少。

而1688年本身对于我们要讲的内容而言也是一个意义非凡的年份。它标志着英国议会政体的明白确立。在接下来的一个半世纪里，无论最高统治者想要继续行使什么权力，他们都必须通过自己的影响力从议会获得。议会反映了时不时或许会被商人的利益增强或削弱的地主阶级的利益。对于英国统治者而言,采取跟议会所代表的观点不一致的政策已经变得不可能了,尽管他很想这样做。这时,纳普(Knapp)及其门徒进行的调查用充分的证据证明,在德国,农民耕种者之所以能在农村的大部分地区保存下来,很大程度上是因为腓特烈大帝(Frederic the Great)和18世纪其他实行家长式统治的帝王所采取的"农民保护"政策。他们坚持将领主庄园中现有的农民的份地保留下来。他们这样做的原因跟我们已经讲过的大法官培根总结出的亨利七世所采取的措施背后的原因是一样的。在他们看来,将习惯佃农的份地并入领主的领地,这种做法对收入和军队都是有害的。像都铎王朝和斯图亚特王朝早期一样,实际上,他们专注于保持农民家庭的数量,避开了对财产的合法权利的问题。但随着枢密院独立权力的瓦解,这类事情在英国已经不再可能发生了。

而且,在光荣革命前后几年间,在英国,王室的领地几乎全部都掌握到个人手中。这种变化自然是那些希望王室失去除议会以外的其他一切收入来源的政治思想家所乐见的。通常,王室领地的经营方式相比其他土地更加保守。在德国多个较大的州,正是在王室领地上习惯租地制度一直保留了下来;直到18世纪末,政府才在支持农民政策的驱使下着手将租赁权变成了所有权。

伴随宗教改革发生的或其后发生的教会的变化坚定了英国的政治发展道路。现在,农民小土地所有制最普及的地方就是巴伐利亚州。在那里,反宗教改革取得了胜利,教会保留了所拥有的土地。从长期来看,这一点对农民小土地所有制的扩张产生了两方面的影响,既有积极的影响也有消极的影响。从消极的一面来看,因为保守的教会领主允许其习惯佃农留下，所以，等到19世纪，教会土地被转作世俗用途时，有一群还在耕种土地的农民很容易就变成了土地的所有者。从积极的一面来看，最高统治者从教会团体得到的巨额补贴使得他们不必依赖由乡绅组成的议会。亨利八世统治时期，在英国，修道院的土地被分给了世俗人士，这种做法是如何扩大了地主的普通动机可能积极发挥作用的范围，关于这一点我们在前面已经讨论过了。但是，我们还应该注意到，1662年教士会议放弃了发放神职人员补贴的权利，这种做法朝着最终剥夺英国国王所有采取独立社会政策的机会迈出了重要的一步。

现在，让我们更加仔细地研究一下1688年的农村人口。毫无疑问，截止到这个时候，至少在某些地区，大地主阶级已经占据了他们今天所处的位置。埃弗斯利男爵所谓的“英国理想的土地制度”在很大程度上已经实现了。1711年，艾迪生(Addison)在《旁观者》(*Spectator*)杂志中所描述的伍斯特郡的准男爵罗杰·德·科弗利爵士(Sir Roger de Coverley)就是“参加教区教会集会的所有人的地主”，也是所有人的保护人。布道结束以后，爵士从高坛上的座位上走下来，佃户们在他的两侧站成两排，都在向他鞠躬。他是“治安法官中的一员，在季审法庭上表现也非常出色。三个月前，他因为解释了一段《狩猎法》而得到了大家的一致好评”。实际上，他已经是英国小说中的“乡绅”了——就像乡绅菲尔丁(Fielding)、华盛顿·欧文(Washington Irving)、特罗洛普(Trollope)和汉弗莱·沃德夫人(Mr. Humphrey Ward)一样。但是，无论如何，埃弗斯利男爵所说的“理想”还没有完全实现。有很多村庄还不是由一个大地主控制，还有很多的小地主——要么是自由土地持有人,要么是拥有几乎相当于完全占有的土地使用权保障的公簿持有农。这些就是在"自耕农"不仅仅是一个形象化的文学名词的年代出现的著名的英国"自耕农"。例如,在罗杰爵士的近邻中至少就有两位自耕农。他们在《旁观者》杂志中出场时正骑着马赶往巡回审判庭:其中一个被描述成是"曾经多次担任过小陪审团团长、年收入约有 100 英镑的一个自耕农";另一个自耕农的父亲给他留下了每年 80 英镑的收入,但因为他好与人争执,所以损失掉了很多,最后剩下不到 30 英镑了。跟这些自耕农收入数字形成对比的是,有一段暗示罗杰爵士本人每年的收入有 500 英镑。让我们猜猜当时有多少这样的自耕农呢?格雷戈里·金给出了下面的估算结果:平均收入为 3,200 英镑的世俗议员有 160 名;平均收入为 880 英镑的准男爵有 800 名;平均收入为 650 英镑的骑士有 600 名;平均收入为 450 英镑的乡绅有 3,000 名——这些人几乎拥有了整个教区,很多情况下甚至是好几个教区。格雷戈里·金继续写道:平均收入为 280 英镑的绅士(gentlemen)有 12,000 名——当时"绅士"一词暗指拥有土地;平均收入为 91 英镑的"较大的自由土地持有人"有 40,000 名;平均收入为 55 英镑的"较小的自由土地持有人"有 120,000 名。根据这些数字,较小的土地所有者的总收入仍然几乎是乡绅和其他大土地所有者总收入的五倍。

一个世纪之后,我们从阿瑟·杨 1793 年的著作中得知,"小面积的田产"在英国"极其罕见"。我们从他的著作中获得的大体印象最近被根据土地税评估进行的统计调查证实了。从 1600 年到 1785 年,在牛津郡的 24 个教区中,掌握在土地拥有面积小于 100

英亩的土地所有者手中的土地数量减少了 2/3；在格洛斯特郡的10 个教区中，掌握在土地拥有面积小于 100 英亩的土地所有者手中的土地数量减少了 4/5；资料显示，英国的其他地区也都在发生“庄园合并和小土地所有者数量减少”的现象。如果我们归纳一下已知的情况，就会发现，特别大的庄园的建立大约在 1720—1785 年间发展得最为迅速。

现在来看看这是如何发生的呢？主要是通过购买方式进行的。是跟得上形势的管家推荐其雇主这么做的。在著名的《管家对主人应尽的职责》(*The Duty of a Steward to His Lord*)一书中，白金汉公爵(Duke of Buckingham)的代理人爱德华·劳伦斯(Edward Laurence)建议管家不要忘记“努力打听领主采邑内部或附近的自由土地持有人有没有出售土地的意向，以便他想方设法以最合理的价格为了领主的利益和便利购买这些土地”。小土地所有者获得了高于其作为收入来源的田产的资本价值的报价，他们非常高兴能够拿到钱去偿还债务、投资做生意甚至是作为佃户投资到更大的农场上。购买者从哪里获得的他们随意报出的购买土地的资金呢？主要来自于做生意赚的钱。从 1675 年到 1725 年，这一时期的标志就是英国海外贸易的迅速扩张〔麦考利(Macaulay)用生动的笔触所描述的围绕东印度公司的特权展开的斗争就证明了这一点〕、羊毛工业的快速发展(羊毛工业为英国提供了主要的出口商品)以及新行业(特别是胡格诺派的难民建立的丝织业)的建立。正是商人做生意赚到的钱使得政府能够大举公债。作为借钱给政府的回报，一群公债的债权人获得了银行公司的特权，因此成立了英国银行。当时的政治作家所谓的“有钱阶层”出现了；更准确地说，是发展到了较大的规模以至于第一次有人能跟"地主阶层"抗衡。对于坚持从前的理想的作家来说，这是一个令人悲痛的话题，用斯威夫特(Swift)的话说，"过去用来追求土地的势力现在都转向了资本"。但因为英国贵族的独特特点以及英国政府的特殊体制，加入地主阶层的行列不可避免地成了有钱阶层本身最强烈的愿望，并且也不存在像其他国家那样的障碍。通过做生意富起来的人购买田产，努力想将自己"打造成望族"；农村那些老的望族"将女儿嫁进城市"，利用其女继承人的财产巩固自己在农村的地位。购得大块的田产之后，人们会通过"家族契约"将这些大块田产合在一起。这一点需要解释一下。

在英国，从法律角度来讲，现在已经没有了"限嗣继承"这种事；即不能通过简单的契约或财产转让无限期地占用土地，规定土地的所有权今后必须沿着某种规定的方向转让。当然，1285 年通过的《赠与法》(the statute of De Donis of 1285)曾一度允许限嗣继承——根据该法案，受让人不能将授予他及其继承人的土地永久性地卖掉，受让人死后，土地将传给其直系继承人。但随着时间的推移，人们找到了规避这一法令的办法，特别是通过所谓的"废除限嗣继承"的拟制诉讼，它可以让终身佃户(或者现在我们应该说是终身所有人)摆脱限制，获得出售或以其他方式处置田产的权利。包括国王在内的大领主都想收回分封给下属的土地，所以他们坚持土地的所有权应该仅限于直系继承人，如果土地受让人没有直系继承人，那么土地应该归还给上级领主。但是，显然，他们拗不过势力强大的拥有土地的乡绅群体。乡绅们坚持按照他们喜欢的方式处置自己的土地。更引人注目的是，大约 17 世纪中期，法制建设的进程发生了彻底的逆转，人们利用法律成功找到了方法，开始承认一旦获得，田产将“永远归获得者的家族所有”。普通人没有办法精确描述“家产析分契约”(strict settlement)所涉及的主要法律步骤：整件事情涉及大量的法律术语，只有律师，而且只有为数不多的律师能够处理。然而结果却是，通常在继承人结婚的时候，通过每一代人重复办理的一系列的法律手续，田产的所有权就已经被授予了继承人的下一代继承人。长子继承权代代相传，名义所有人只不过是一个“终身佃户”。实际上，正如一位本身就是某一辉格党家族一员的权威所说，“所有的贵族(英格兰的乡绅、苏格兰的领主、爱尔兰的各级贵族)都几乎将长子继承权视为一种基本的自然法则”，家产析分契约的“做法只不过是用适当的、有法律效力的方式把这一自然法则表达出来”。

人们将为必要的法律程序画上最后一笔的功劳归功于奥兰多·布里奇曼(Orlando Bridgman)，他是共和政体时期著名的承办产权转让事务的律师，后来当上了查理二世的掌玺大臣。人们普遍认为，使用家产析分契约的目的是为了保护拥有土地的家族在动荡的内战年代免受田产被没收的厄运。在德国，有一种类似的做法叫作“限定继承”(Fideicommiss)，它跟英国的家产析分契约的目的几乎是一样的，只不过采取的方式略有不同。说来也怪，限定继承跟家产析分契约基本是同一个时期出现的，最早都可以追溯到30年战争时期。但是，据估计，在19世纪中期，英国超过2/3的田产都在使用家产析分契约制度，而在普鲁士，直到1895年，仅有6%的田产在实行限定继承制度，即便是在西里西亚，也只有不到15%的田产实行限定继承制度。但近年来，实行限定继承制度的田产数量迅速增加，引起了人们的关注。之所以会出现这种现象是因为最近有很多人在贸易和金融领域赚了大钱，为了赢得社会尊重、炫耀以及获得贵族头衔（在像普鲁士这样的国家，拥有大块田产就能当上贵族），他们想要在农村建立大家族。旧贵族抱怨说，“优良的老式的地主土地所有制被柏林证券交易所侵袭了”，他们呼吁政府出台法令禁止最近的田产购买者建立限定继承人的不动产所有权。

所有这些可以帮助解释在17和18世纪从贸易和金融界注入英国地主阶级的新鲜活力。为什么英国的有钱人想要积累田产然后把它们合并在一起呢？无疑，部分原因在于田产是一种非常安全的投资。但在像美国这样的新兴国家，百万富翁们不会想到要建立大农庄。正如汤因比（Toynbee）指出的那样，原因在于当时的政治体制。数量足够多的田产差不多能让所有者获得治安法官的职位，只要他不是特别愚蠢或经常酗酒就行。这个职位可以给人带来尊严，帮人赢得尊重和很大的权力。

葛奈斯特（Gneist），上一代最著名的德国立宪主义者，写了一本著名的有关英国政治体制历史的书，他给这本书起的名字是《自治》（*Self-Government*）。这个名字本身就暗含着称赞。葛奈斯特用这个名字表示英国的行政体制非常优越，因此他认为自己的同胞应该仿效英国的行政体制而不是法国的官僚体制。对于“自治”概念，他这样定义：“农村的内部事务由地方法官负责管理，他们享有控制权，不领政府的薪水但可以获得地方税。”这就是说，治安法官负责农村的行政管理，主要是跟季审法庭共同行使管辖权，季审法庭一直保留着共同管辖权，直到1888年管辖权才被拿走，转给了选举出来的郡议会。我记得在哥廷根上学的时候——那已经是多年前的事了，但当时这种不可避免的转变已经在远处隐约可见——曾经听过一次德国著名历史学家莱因霍尔德·鲍利(Reinhold Pauli)的讲座。作为英国制宪史讲座的结尾，他热情洋溢地讲述了地方政府组织。但在他离开教室的时候，他对我说："我没有勇气告诉他们，我讲的这些东西正在慢慢消失。"尽管有人嘲笑这种自治是"治安法官的司法"，但它本身有很多优点，跟官僚主义制度相比，优点更多——英国的地方"自治"制度是人们想要拥有大规模田产的一个主要原因。

另一个主要原因是中央政府的特点——议会的寡头统治。辉格党内阁的权力依靠控制议会的投票。大规模的田产给所有者带来了决定选举结果的巨大的地方影响力。能够控制选举结果的人可以获得内阁授予的官职。家产析分契约制度使得乡绅的子嗣要另谋生计，他们必须要到军队、教会和公共部门谋职。因此，大规模的田产、地方政府、议会政府、任免权和长子继承权都是密不可分的。

我们要记住，不光习惯耕作的自耕农被诱卖掉了自己的土地。16和17世纪，在农村的某些地方——特别是在西部地区，这里不像中部地区那样到处都是大规模的村庄和遍布的采邑——有大量的小土地所有者，无论其实际的出身如何，当时的纹章院里司宗谱纹章的官员都把他们列为拥有纹章权利的贵族。1531—1620年间到德文郡视察时，司宗谱纹章的官员登记入册的"贵族"家族姓名以字母A打头的有14家，以字母B打头的有47家，以字母C打头的有63家。在姓名以字母A打头的这些家族中，现在只有1

家仍是当地的地主；在姓名以字母B和C打头的这些家族中，各有5家仍是当地的地主。其他的家族都已经消失了，他们的土地都转到了其他人手中，主要是一些从城镇来的新的家族。有趣的是，英国实际的商业化程度越高，在大部分本身就出身商人家庭的乡绅当中，轻视贸易的现象就越普遍。非常了解西部农村地区的宗谱和传统的一位知名作家非常准确地将“与‘贸易会弄脏人手’有关的想法的产生”归因为“安妮女皇(Queen Anne)继位后发生的巨大变化”。“大量的田产易主，成了那些靠做生意发家的人的财产；正是在这些富有的退休商人的子女当中产生了对与商店和账房有关的一切事物的蔑视。”当然，在教区教堂中找到的很多伊丽莎白一世时期和詹姆斯一世时期的墓碑将很多乡绅发家致富的起点记录成伦敦或其他城镇的“平民绸缎商人”、“平民男子服饰经销商”，后世很少见到这样的碑文。

但是，尽管实际购买可以解释很多小的、分散的田产的消失(这些田产实际上大都是“自由持有”，即便是“公簿持有”，也都是确定无疑的“可继承的公簿持有”)，但却解释不了地主为什么会朝着另一个或许是更重要的方向发展。它只能给出泛泛的解释，但解释得不够详细。我们已经讨论过，除某些地区之外，16世纪圈地运动的结果并没有导致农民家庭数量的大量减少。大多数农民家庭都留在了自己的习惯持有地上，过着跟之前几乎一样的生活，但他们当中很多人的法律地位却发生了变化。他们被诱惑着“交出了他们的法庭卷宗的副本”(只要保留这些副本，他们或许就能得到可安心继承的田产)，换到了世代或几年的租约。菲茨赫伯(Fitzherbert)在1523年出版的著名的《测量》(*Surveying*)一书的最后给出了一条真诚的建议和一个了不起的预言。他让采邑的领主通过主动给每个佃户提供跟之前的租金和劳役相同且“在佃户本人及其妻子和子女有生之年一直有效”的租约鼓励他们互相交换条状地块，这样一来，每个人都可能“在自己住的房子周围圈起一小块农场或围地”。“我认为，领主只要想着等租约到期的时候他们可以得到什么样的好处(尽管他们也不知道租约多久之后才能到期)，就应该按照原来的租金为佃户提供在佃户本人及其妻子和儿女有生之年一直有效的租约。因为，租约到期的一天最终一定会到来，尽管领主不能马上受益，但最后一定能够受益。因此，这位哲学家说道，迁延并非废止(Quod differtur non aufertur)。”修道院土地新的所有者不愿意耐心等那么长时间。“他们想让我们相信我们的法庭卷宗副本是无效的，”佃户代表抱怨说，“强迫我们交出我们之前所有的文书(这些文书有的有效期是两代人，有的有效期是三代人)，接受有效期为 21 年的契约。”这些极端的措施影响范围有多广，我们不得而知，但我们有理由相信很多人听从了菲茨赫伯更稳健、更谨慎的建议。有时，领主会跟佃户签订明确的协议，规定租约到期后将按照同样的条件续订，但这样的协议并不总是万无一失的。例如，我们知道，伊丽莎白一世统治时期，在某些王室领地上，佃户不再是“凭公簿持有其习惯持有地”，而是签订期限为 40 年的租约，并且租约到期后，如果持有人愿意，只要交纳两年的租金作为罚金就可以继续续租；但一旦有土地被卖给了朝臣的随从，佃户们就会惊慌失措，“认为在租约到期之后，他们的土地和房屋都会被收走”。到了 18 世纪，人们还能听到劳伦斯(Laurence)像菲茨赫伯一样在教他的读者同样的东西：“贵族和绅士应该努力将世代的公簿持有权变成世代的租赁权。”

当时，所有这些并不表示租约一到期，田产就会立刻变成以有竞争力的或高额的租金按年租赁。实际上，租约，特别是较大的农场的租约，通常会在交纳一笔被称为罚金的款项之后不断续签。在很多情况下，特别是在地主是一个团体、罚金会分给所有成员的情况下，偶尔能拿到一大笔钱的便利是很多人反对将持有地变成年租的一个有力的理由。但是，在没有明确表示租户享有续租权的情况下，将公簿持有变成租赁带来的后果是：这种做法将地主由跟享有继承权的佃户分享土地所有权的部分所有者变成了享有法定权利可以按照自己的意愿随意处置土地的绝对所有者——换句话说，它毁掉了公簿持有农享有的部分所有权。18 世纪，有时候有人宣称，为公正起见，只要交纳罚金就可以续约的世代或多年的租约应该被视为构成了某种佃户权利：即使租约中没有明确的规定，原先的佃户的儿子或其他代表只要交纳了固定的罚金就应该享有“续租权”。但是这种观点从来没有得到过法庭的支持。如此一来，由于从公簿变成了在很多佃农看来非常正式的租约，老式的佃户权利几乎在不知不觉间就消失了。只有少数公簿持有地，而且是可继承的公簿持有地作为例外保留下来。英国没有出现像在阿尔斯特设法自己形成的那种新的佃户权利。

关于土地所有权，即农业用地的扩张和各个采邑中领主土地所有权的强化，我们就谈到这里。我们可以认为这两大变化都是在 18 世纪前 75 年迅速发生的。现在，让我们仔细研究一下另一个与此密切相关的变化——农场的合并。这也是劳伦斯在 1727 年提出的措施之一：“管家应该努力将租给穷人的所有的小农场合并成大农场。”但是，他建议不能急在一时，领主应该等到农场租期因佃户去世而到期的时候；似乎是在18世纪后半叶才开始普遍实行这个政策。农场合并是伴随更加势不可挡的第二次圈地运动发生的，而它主要是人们对农业科学产生兴趣所带来的后果。

早在汉诺威时期就有一些大领主对农业改良表现出很大的热情。汤森勋爵（Lord Townshend）是这方面的一位先驱。约于1730年，他因厌倦了政治阴谋而离开政界投身于自己的庄园。他在萝卜和三叶草的田间栽培方面取得了很大的成绩，并凭借这一点赢得了“萝卜汤森”的光荣称号。这使得习惯的三年一次的休耕变得不必要，使得所谓的诺福克或四区轮作农业制度成为可能。四区轮作制度后来成了英国其他地区学习的榜样。该制度通过大量养殖牲畜，增加了肥料的供给，最终增加了农作物的产量。不久，莱斯特郡的贝克韦尔（Bakewell）改革了放牧技术，教会大家饲养的牛和羊不只可以用来拉车、剪羊毛，还可以用来食用。就像汤森带头为未来数以百万计的人生产出粮食一样，贝克韦尔为人们生产出了牛肉和羊肉。18世纪末，史密斯菲尔德市场上的牛羊数量增加到了18世纪初的两到三倍。

乔治三世登基后不久，领主们普遍对农业改良产生了热情。霍尔汉姆的科克（Coke）是一位领头人，他从拒绝以更高的租金接受租约的佃户手中收回农场自己经营，并且他拥有大笔财产可以投入到自己的农场上，用来肥沃土壤、引进新作物和人工牲畜饲料。从1776年到1816年，他的租金登记簿上的钱从2,000英镑增加到了20,000英镑，但这都是他大胆和慷慨投资以及孜孜不倦地亲自经营农庄的结果。

这些以及全国各地类似的农业改良所带来的结果就是食品产量的大幅增加。工厂工业的发展为孩子们提供了就业机会；18世纪末治安法官普遍采取了极其错误的济贫政策，这一政策使得早结婚对农村劳动力而言成了一种划算的投机行为。以上两个因素刺激了人口的增长，而食品产量的增加使得人口增长成为可能。现在，我们习惯于将英国的制造业看成是为了交换外国供应的食物。我们必须记住，在19世纪之前，情况并不是这样的。无疑，从某种程度上来讲，保护性关税阻碍了英国用工业制成品换取国外的食物供应；旷日持久的拿破仑战争也阻碍了这种交换。19世纪最后25年，交通的发展帮助人们发现了新大陆的处女地，在此之前，即使允许谷物自由进口，国外也供应不了那么多粮食足以养活英国迅速增长的人口。实际上，在1795—1782年价格最高、情况最糟糕的这段时间，浮动计算法控制下的进口几乎是自由的。英国人当然经历了困难时期，但无论如何，人们都活了下来，并且从1750年到1800年，英国人口增长了50%，从1800年到1850年，英国人口又增长了一倍。

在这种情况下，人们都很有动力想要提高土地的产量。这一目标非常符合领主们的短期切身利益，因为这可以增加他们的地租；而且这有可能也是一种爱国责任，因为它可以为不断增加的人口提供食物，并使英国能够抵抗拿破仑控制全世界的野心。显然，很多条状地块混在一起的敞田耕作制度成了最大的障碍，在英国中部和南部地区的大多数教区中，或许有一半的耕地还在实行这种耕作制度。这种制度是不经济的，而且还会妨碍农业改良，因此，像1767年开始其著名旅程的阿瑟·杨一样的改革家一直在不厌其烦地呼吁废除敞田制度以及公共牧场。从都铎王朝时期开始,圈地运动就没有彻底停止过,但现在它又如火如荼地卷土重来。1760—1850 年间,凭借《圈地法》,几乎所有剩下的敞田以及大多数公共用地都被一扫而空。

我们并不怀疑,这种改变与农业方法和食品生产的巨大改良有关。功利主义哲学家杰里米·边沁(Jeremy Bentham)认为,圈地的景象是“改良和幸福的所有证据中最可靠的证据之一”,他的这种观点有一定的道理。就像都铎王朝时期羊毛需求所发挥的作用一样,18 世纪末和 19 世纪初居高不下的小麦价格既推动了圈地运动的发展,也为圈地运动提供了一个借口,因为在圈起来的农场中种植小麦利润要高得多。记录了圈地法案数量和每个季度的小麦价格的图表显示,二者呈同向变动:小麦价格越高,通过的圈地法案数量越多。最近似乎证明了,权利的重新分配没有人们通常想象得那么不公正。但是,跟将敞田中的小块土地合并在一起相比,将荒地或公共用地圈起来给小的敞田农民以及更多的茅舍农带来的伤害更大,因为没了荒地或公共用地他们就没有办法养牛或养猪了。事实上,在被圈起来的土地当中,有 2/3 都是荒地或公共用地。

当时的农业改革家不仅提倡将农场圈起来,而且还提倡扩大农场的规模。19 世纪上半叶经济学家一出现,农业作家就得到了这些所谓政治经济权威的支持。应该可以证明,大规模的耕种要比小规模的耕种更经济:大规模耕种的生产总值可能并不比小规模耕种高,但其生产净值肯定更高。

谷物种植完全符合这一规律,因此,大面积的小麦作物成了谷物种植的主要对象。《爱丁堡评论》(*Edinburgh Review*)的常驻经济学家麦克库洛赫(M'Culloch)大力提倡将大型农业作为增进国家福利的最佳手段。"如果一个国家被普遍分成了一些小农场,"他在 1838 年写道,"那么势必需要更多的劳动力从事农业耕作,可以供其他人使用的农产品的比例就变小了。"他断言说,在法国,有 2/3 的人在从事农业生产,而在英国,凭借着极其优越的耕作制度,只有不到 1/3 的人在从事农业生产。"或许,英国的商业和制造业之所以能发展到现在这种无可比拟的程度,其中最大的功臣就是这一强大的动力,它使得我们在技术改进方面不断取得进展。因此,我们绝不能通过支持分割地产或在荒地上建村舍的计划做任何可能会增加纯农业人口的事情。限制纯农业人口上涨的空间越小,我们的农业发展就越好,可以用来养活其他社会群体的剩余农产品就越多,而国家的富裕、权力和荣誉无疑主要依赖这些群体的人数和繁荣。"

19 世纪,多数领主都是保守党人,而多数经济学家都是激进党派的成员。领主的利己主义和经济学家所谓的科学结合起来产生了必然的结果。20、30、40、50 和 60 英亩的小农场被合并成了从 150 英亩到 200 英亩的大农场。今天,在很多大农场里还保留着早期的小农舍,它们现在已经变成了劳工的住所。就这样,最初在领地上出现的大型资本主义农场制度最终扩展到了曾经由小习惯佃农持有的土地上。在农村的大多数地区,农场主与劳工之间的社会地位差距依然存在。

第七讲　产业革命和契约自由

“产业革命”已经成为英国经济史上某个时期公认的称呼。这种叫法现在之所以这么流行，要归功于汤因比，他 1884 年出版的讲稿的标题就是“产业革命”。22 年后，法国学者保尔·芒图(P. Mantoux)在自己精心创作、内容充实的专著标题中再次使用了“产业革命”一词，从而巩固了它在经济学文献中的地位。“产业革命”一词并不完全是汤因比的原创。几年前，杰文斯(Jevons)在引起了广泛关注的《煤炭问题》(*Coal Question*)一书中就顺便评论说，“18 世纪的学者对于不断增长的债务抱有非常悲观的预期，他们错误地低估了当时正在进行的产业革命的价值”；而且很有可能，甚至是在杰文斯之前，就已经有其他学者使用过这个描述性的词语。但是，汤因比使用这个词让大家彻底明白了他所指的当时发生的事件的确引起了一番彻底的、迅速的变化，足以被称为“一场革命”。

汤因比和芒图使用这个词语的方式，我们挑不出任何毛病。但是，在这种情况下，跟在其他情况下(例如“文艺复兴”一词)一样，史学的发展首先要提出重点，并进行全面的概括，然后再重新调整范围，加强限制条件。这一点越发必要，因为汤因比和芒图所说的"18 世纪的产业革命"在推广其观点的人的嘴中已经变成了"产业革命"。

我们现在需要提请大家注意的限制条件是在 1776 年〔这一年，亚当・斯密（Adam Smith）出版了《国富论》（*the Wealth of Nations*），詹姆斯・瓦特（James Watt）完善了蒸汽机〕和 1832 年（这一年，英国通过了第一次《改革法案》）之间发生的变化，尽管变化的范围大了很多，速度也快了很多，但也只不过是将很久之前就已经开始的变化往前推进了一步。实际上，并不存在跟前后历史时期有着明确的界限划分的伟大时期。从我们现在的目的来看，将乔治三世统治时期的发展视为已经在进行中的变化的顶点，或许要比将其视为创造出了全新的东西更重要。

发挥作用的主要力量是资本以及与之密切相关的资本主义精神——为了获利而进行投资的欲望。早在 1776 年之前，大部分英国产业在两个重要的方面都变得要依靠资本主义的运作模式：商业资本家为当时的工人提供材料，并为他们的制成品寻找市场。工人继续在自己家里、棚屋里或副屋里从事生产；因为这个原因，这种制度被称为家庭生产制度（domestic，德语中叫 Hausindustrie）。我认为，总的来说，这是最方便的一种做法，在前面的讲座中我们已经讨论过这种制度。在英国，"家庭制度"（domestic system）一词最早是出现在下议院委员会 1806 年的一份报告中，但碰巧，当时，这个词另有所指。当时，它是专指约克郡羊毛工业的组织制度。在这种制度下，家庭生产者自己购买羊毛，自己纺线，因此，他们并不是彻头彻尾的雇佣劳动者，而是商品的生产者，他们在布制品交易大厅或在其他地方将自己生产出来的商品出售给商人。一些目击者将这种制度与英国西部地区所采取的制度严格区分开来。在英国西部地区，材料不归工人所有，因此，产品也不归他们所有，他们只是从雇用他们的呢绒商那里领取工资。在其他国家的工业历史中，我们也能找到出售产品的家庭生产者和出卖劳动的家庭工人之间的区分，并且法国和德国的学者们做了各种尝试，试图发明一个合适的术语。在德国，人们一般将后一种情况称为“verlagsystem”（伙伴关系）。现在，“verleger”一词仍常用来指把工作承包出去让承包人在自己的作坊或工作室去完成的商人，英语里面意思与之最接近的词是“factor”（代理商）。“verlag”是指分发材料和储存制成品的地方，英语里面意思与之最接近的词是“warehouse”（仓库）。我记得有一次我在图林根林山的“小熔炉”地区闲逛时，一个铁匠从他的铁砧上抬起头来问我是不是从邻镇来的 Verleger。如果我们要创造一个新的术语，或许“factor-system”（代理商制度）一词比较合适；但实际上在英国，只有某些小行业的雇用工人的资本家才被称为“factor”（代理商）。有人提出的“commission-system”（佣金制度）显然是不准确的，因为无论是雇用工人的资本家还是家庭工人，都不是靠收取佣金工作。

很多人已经讨论过这两种组织形式之间的关系及其各自跟其之前和之后出现的组织形式之间的关系。有人提出，将它们归为一类是错误的。约克郡的“家庭制度”及类似的形式实际上跟早期的手工业行会更相似；二者的区别仅在于家庭制度分布在农村地区，并且将各个手工业师傅联合在一起的行会组织在约克郡（其他地方的情况也普遍类似）已经消失了。另一方面，据说，“英国西部地区的呢绒商制度”，就像只是将家庭工人作为雇佣劳动者的其他行业和其他国家的类似制度一样，跟工厂制度更相似。在这种制度下，生产本身就需要具备资本主义特征，不仅仅是经营中的“买卖”部分。代理商制度带来了大规模的生产（尽管单个作坊生产规模不大，但整个行业生产规模很大），能够供应广阔的国内甚至是国外市场。代理商制度仅仅是大工业（grande industrie）的早期阶段，发展到后期就形成了工厂制度。

困难的是尽管我们的确能找到一些跟这些描述完全吻合的例子，但它们还不够普遍，不足以满足谨慎分类的目的。首先，就工人的独立感或物质福利而言，出售产品获得价款和出售劳动换取工资之间的差别实际上几乎已经消失了。在前一种制度下，一个行业的总产量以及通过各种资本主义中间商最终所能到达的市场——约克郡的实际情况就是这样——可能都非常大。

但是，就英国而言，我们可以平静地忽略分类和术语问题，因为在从行会制度到工厂制度之间的过渡期，英国最流行的就是由资本家提供材料并向工人支付工资这种更加彻底的资本主义形式。毫无疑问，在整个 16 和 17 世纪，英国南部和西部地区的呢绒商就是这样。约克郡新兴的羊毛行业在这方面是个特例，不具有代表性；或许是因为后来羊毛工业集中到了西赖丁，再加上笛福（Defoe）生动的描述，才过分夸大了其重要性。现在回到我想要讨论的重点上来：由资本家提供材料和支付工资，这种制度是 18 世纪所有其他重要行业的典型特征。反对贪污材料的立法就是一个证据。如果我们翻到波斯尔司韦特（Postlethwayt）1755 年出版的《通用商贸词典》（*The Universal Dictionary of Trade and Commerce*）里面的“制造商”（manufacturers）这个词条，就会发现该词条占了满满两大页的篇幅，里面列出了“与制造商和技工有关的英国的各种主要法律”，这些都涉及流行的这种制度的典型罪行。最早的是1702年通过的临时法案，它指出“在受雇生产毛织品、亚麻布、棉麻织品、棉布和铁制品的人当中，每天都有很多人通过贪污和盗窃交托给他们的材料进行欺诈”，并规定了对这种行为的一些刑罚。1702年，该临时法案变成了永久法案。1740年通过的法案将规定扩展至“受雇负责剪料或生产手套、马裤、皮革、靴子、鞋子或其他产品”的人。后来证明这一规定涵盖的还不够全面，所以1749年通过的法案又重新将受法律制约的工人界定为“任何受雇生产各种毡制品或帽子，或加工毛织品、亚麻布、棉麻织品、棉布、铁制品、皮革、毛皮、大麻织品、亚麻织品、马海毛织物或丝织品的人”。在所有这些情况下，资本主义中间商都要发挥主导性作用，因为在当时的条件下，鉴于市场太远并存在很大的不确定性，单个的手工业者应付不了，所以需要由中间商组织生产，并承担预付所必需的资本的风险。手工业者“还没有跟生产工具分离”——按某些现代作家的话说，就像现代的女裁缝拥有自己的缝纫机一样，他们在羊毛和丝绸行业通常拥有自己的织布机。当时的环境没有把他们跟生产工具分开，但却把他们跟市场隔离开来。当时的产业状况和后来的工业制度之间主要的相似点在于，我们已经发现有家庭工人联合起来对抗他们的中间商，要求增加工资。

在继续进一步讨论之前，我们必须停下来研究一下西赖丁布制品行业中的例外状况。1806年的报告这样描述当时的状况：“生产是由一大批通常只拥有少量资本（基本不存在大规模的资本）的生产师傅进行的。他们从商人手中购买羊毛；在自己家，在他们的妻子、孩子以及两三个到六七个熟练工人的帮助下，将羊毛染色（当需要染色的时候），完成各种不同的工序，生产出未经加工的布料……”然后，“生产者会在集市日把生产出来的布料拿到公共交易大厅或市场上卖给采购布料的商人。成千上万的小生产师傅会前往利兹市的市场，在那里有三个交易大厅可供他们陈列和销售自己的布料；在布拉德福德、哈利法克斯和哈德斯菲尔德也有类似的交易大厅”。就像其他地方的小生产者一样，我们还得知“大部分生产者都拥有少量土地，每人拥有的土地面积介于 3 英亩和 12 或 15 英亩之间”。

这让我们想到了三个问题：第一，为什么在约克郡资本发挥的作用比较小，而在其他生产同样的羊毛织品（即“粗纺羊毛织品”而不是“精纺羊毛织品”）的地方，资本却发挥了重要作用？第二，商品是怎样卖出去的？第三，这种状况持续了多长时间？第一个问题的答案可能是因为西赖丁是一个比较贫穷的地区，在农业财富方面远远落后于英国南部那些富饶的郡，并且跟伦敦和诺维奇的资本家相隔极远，所以直到 17 世纪该地区的羊毛工业发展到在全国占有一席之地之后很久约克郡才出现了资本主义呢绒商。资本之所以没有发挥作用是因为这个地区根本就不存在资本。公共市场给出了第二个问题的答案。最开始，公共市场都是露天的。利兹市的公共市场一开始是在桥上，后来搬到了布里格特；哈德斯菲尔德的公共市场则是在教堂庭院的旁边。后来，经常光顾市场的人多了，人们才修建了带屋顶的交易大厅——利兹市的交易大厅是 1711 年建成的，而哈利法克斯和韦克菲尔德的交易大厅则是在大约 1710 年建成的。1750—1780 年家庭工业最繁荣的这段时间，这个地区所有大大小小的城镇都建起了一到三座这种宽敞的建筑。这种可以将商品集中在一起进行展示的商人和生产者的聚集地是这种类型的家庭工业制度的必要组成部分。在西欧的很多地方仍然矗立着的这种建筑证明了之前它们曾经风靡一时。每周只能带来一匹布的最小的生产者也可以把自己的布在板子上摊开，跟最成功的竞争对手享有同样的可以把布卖给到这里来采购的商人的机会。最近出版的哈利法克斯的一位布料代理商 1706 年的一些书信可以帮助我们了解第三个问题——这种状况持续了多长时间。很显然，早在 1706 年，相当大的一部分交易正在从公共市场上被人拿走。布料商人已经跟某些生产者建立了稳定的业务关系，现在开始直接跟他们订货。另外，出现了一种代理人或代理商，他们收取佣金，负责为伦敦的商人或是鹿特丹、阿姆斯特丹以及汉堡的商人订货，而且他们很少使用公共市场。汉诺威王室的前两任君主统治期间，在此之前一直由诺维奇地区所垄断的精纺毛织品生产被引入了布拉德福德地区，几乎从一开始做这个新生意的就是一些拥有较多资本的人，他们更像是西部地区的呢绒商。有两大原因似乎能够充分解释这种状况：材料更昂贵，需要更多的资本才能购买；生产更简单，对织工和其他操作者的技术要求比较低。于是，资本取得了掌控权，而操作技能变成了资本的附属品。

言归正传，现在让我们回来看看英国总体的发展趋势。当负责组织生产和销售的资本家拥有了必要的生产工具并租给工人使用（例如，就像织袜行业的针织机一样）的时候，后期的工厂制度阶段就到来了。关于如何区分“工具”和“机器”，人们进行过很多的讨论——据说，工人可以拥有工具，但机器太过昂贵，工人买不起。如果这种区分是正确的，那么手工织布机和针织机，就像今天的缝纫机一样，正好介于二者之间。尽管有些工人能买得起，但是它们相对比较昂贵，所以在某些条件下给资本家提供了介入进来、为工人提供这些器具的机会。

当资本家出于自身利益的考虑，把一群工人集中到某个地方的同一屋檐下的时候，就更接近后来的工厂了。为了跟依赖机器的工厂制度区分开来，卡尔·马克思(Karl Mark)将这种组织称为“工场”(manufacture)；他认为它是“从16世纪中期一直到18世纪最后三十几年间资本主义生产过程普遍典型的形式”。在那段时期，“工场”一词在英国当然不只局限于这种特定的含义，现在我们很难把它作为一个技术术语加以介绍，但只要事实如马克思陈述的那样，叫什么名字都无关紧要。但是，我们同样确定的是，尽管可能找到一些像亚当·斯密所描述的大头针制造厂一样的特殊例子，但在资本家的操控下将工人聚集在一起并不是这一时期的“普遍特征”。这一点非常令人意外，一方面是因为在16世纪上半叶英国的羊毛行业就出现过这种情况，另一方面是因为看起来只是特例的情况在欧洲大陆的发展过程中就变成了一个阶段。

纽伯里的约翰·温奇科姆(John Winchcombe)大约于1520年去世，去世后不久他就作为英国最大的呢绒商成为了一个传奇，据后来传说，在他家启用了100台织布机。在马姆斯伯里修道院解散后不久，据一位目击者说，另一位富有的呢绒商将修道院所有房间的各个角落都摆满了织布机，并且他还在与人谈判想要在奥斯内修道院也建一座类似的织布厂。此外，1555年通过的《织工法案》抱怨说某些呢绒商在自己家里搭起了很多的织布机，并找来一些熟练和不熟练的工人来操作它们。目前，我们不可能说明白为什么人们放弃了这些尝试。我上面提到的《织工法案》禁止城镇外面的织工在自己家拥有两台以上的织布机，也禁止“任何使用织布技术或手艺的人”——我推测，这些人指的是呢绒商——在城镇以外的地方拥有一台以上的织布机。即使是这个法案也解释不了人们为什么放弃了这些尝试。直到 19 世纪初，这项法案依然列在了法令全书中，1806 年委员会报告称“它很受重视，一群受人尊敬的请愿人强烈反对废除该法案”。但这并不能阻止人们在像蒂弗顿这样的大多数呢绒商实际居住的集市城镇建立织布工场。我们可以推测，人们之所以放弃了这种尝试可能是因为都铎政府所采取的反对成立这种工场的政策：因为 1585 年通过的一项与在康沃尔和德文郡生产的、专门供应布列塔尼市场的粗织物有关的法案明确限定，无论是在城镇还是在农村，从事粗织物生产的每个家庭拥有的织布机数量不能超过三架。无论是因为立法让人们结束了这种尝试，还是仅仅因为大家发现这种将工人集中在一起的做法并不是特别有利可图，而将用在这上面的资本投资到海外贸易上或许能赚更多的钱，所以才放弃了这种尝试，直到使用机器前不久，这种现象的确从羊毛行业及其他斯特普行业中彻底消失了。

在斯图亚特王朝时期，的确，时不时会有人建立生产各种产品的大工场。这些产品包括玻璃、肥皂和电线。尽管它们的历史仍有待研究，但历史不明这一事实本身就证明它们并没有形成太大的气候。在接下来的一个世纪里，在斯特普行业中进行的类似的尝试不多，而且显然也都不太成功。在阿瑟·杨的《游记》中有一段有趣的内容描述了他 1768 年在约克郡的见闻。他说，在波伊顿，“乔治·斯特里克兰爵士(Sir George Strickland)非常亲切地带我去参观他的羊毛工场。那是一个非常宏伟的工场，非常值得称颂。在那里的农村地区，穷人们除了从事并不发达的农业以外没有其他的工作可做，因此，3/4 的妇女和儿童都没有工作。正是这个原因促使乔治爵士建造了一座大到一侧能摆放一排各种类型的织布机、另一侧还能有足够的空间供妇女和儿童纺纱的建筑。这座工场最兴旺的时候曾经雇用过 150 名工人，这些人挣到的工资足够他们养家糊口；但是，羊毛织品出口的衰减导致工人数量大大减少，现在雇用的工人数量，我觉得，不到 12 个”。

马克思所强调的他所赋予“工场”一词的特殊含义似乎是根据法国的情况总结出来的。据说，曾经有段时间法国 2/3 的布料都是由“皇家制造厂”(manufactures royales)(以补贴和免税的形式享受政府特殊支持的大工场)和“特许制造厂”(manufactures privilegiées)(在某一行业享有垄断权的类似的工场)生产的，其他行业类似的工场也有过相似的辉煌时期。如果没有政府的积极照顾，在很多情况下甚至是政府牵头，单凭马克思所列举的劳动合作所带来的好处并不能成功地建立这些“工场”。这是科尔伯特(Colbert)的伟大成就之一。一旦政府取消了支持，这些“工场”立刻开始迅速衰落。它们的存在是否会对之后的产业发展产生重要的影响似乎很值得怀疑。在英国，斯图亚特王朝统治初期，反对垄断的抗议破坏了政府在这方面的努力。到了斯图亚特王朝统治后期，君主政权没有能力实施自己强有力的产业政策，也没有像科尔伯特这样的首相做过这样的尝试。

离开了政府的特殊照顾，将工人集中在一个工场中的做法给雇主带来的好处通常太小、太不确定，无法促使他们朝着这个方向大踏步迈进。在工作可以分解成很多独立工序的行业，例如大头针的生产，将数量足够多的一群工人集中到一个工场中，给他们每人分派一项专门的工作，这种做法无疑非常有利于这种类型的劳动分工。但在像羊毛行业这样，劳动分工无外乎就是梳理、纺纱、染色、织布和漂洗这几道工序的行业，仅仅将从事相同工序的人聚集在一起，并不会带来这样的好处。我觉得唯一的好处就是对工作的质量能够进行更好的监管以及生产出来的产品品质更统一。缺点则是提供场房和必要的监管都需要花费成本。因此，在18世纪最后25年之前，只有丝绸纺织行业成功引入了大规模的纺织工厂；之所以会这样是因为丝绸纺织行业引入了需要使用“电力”（当时使用的是水力发电）的机器，而电力单靠人力是生产不出来的。但因为丝绸纺织行业毕竟是一个相对比较小的行业，所以1718年在德文特出现的工厂并没有像后来的棉纺厂那样改变英国的产业面貌。

因此，工厂的出现是18世纪后期产业革命的典型特征，尽管半个世纪以前工厂实际上就已经零星地出现了。它意味着资本的演变过程又往前迈进了一步：资本的所有者或控制者除了承担中间商的职责以外，还大规模承担起了更多的职责——实际指挥和管理生产过程的职责。这一点，即使没有带来全新的改变，至少也极大地强化了已经建立的资本主义控制的效果。我想抓紧补充一句，这些效果有好有坏，因为资本的出现大大扩大了生产规模，降低了产品的价格。尽管这一事实太过显而易见以至于有时会被人忘记，但我们绝对不能忽视它。

棉花“工厂”是这种新情况最显著的例子，所以总的来说，“工厂制度”是最能够清楚描述这种新的组织形式的词语。当然，这一现象的基本特征是因为需要操作动力机械，所以一群工人在资本家雇主的指挥下聚集到了一个工厂里。这种现象在煤矿、钢铁厂或机器制造厂跟在纺织工厂一样常见。毫无疑问，它是伟大的机械发明的必然结果。在这些机械发明中，我们可以看到两个平行的系列——一个是在纺织领域，另一个则是在煤炭和钢铁的相关领域。我并不打算讲述这些机械发明，因为相关内容在很多书中很容易就能找到。在研究这些机械发明的时候，我们有必要记住杰文斯提出的有关发明的三个条件。首先，一定要发现完成一些机械任务的新原理。因为不具备其他两个条件，所以可能在发现原理几百年之后才能真正实现这种想法。第二，必须发明出将原理付诸实施的构造方法。第三，必须出现急需这种新的机械装置的强烈的实际用途。例如，在蒸汽机的发展历史中，想要摆脱水的欲望提供了商业动机，因为随着竖井的加深，水开始让煤炭工人感到困扰；在纺织行业，一开始的商业动机是想要得到充足的棉纱以满足新近改良的手工织布机的需要，后来商业动机就变成了想要进一步改良织布机以便迅速用掉当时已经变得价格低廉、数量充足的纱线。在这整个过程中，人口的增长和交通的发展（收费高速公路、运河以及后来的铁路的出现推动了交通的发展）一直伴随着制造业的发展。我们不可能说清它们三个当中谁是因谁是果。这三个因素是相辅相成的。

回忆一下我们已经讨论过的在工业尚处于“家庭”或“代理商”

阶段时资本所发挥的作用，很显然，当需要购买机器和建立工厂时，人们更离不开资本的帮助。因此，除了杰文斯提出的三大前提条件以外，在制造业进入机器时代之前还有一个条件必须满足，那就是要提供资本。我们可以想象得到工厂主可能会去借钱：在现代，众所周知，通过银行和贴现公司组织和提供贷款大大促进了生产活动和商业活动的发展。在产业革命中，这一因素也必须记上一功，因为值得注意的是，之前数量很少的国家银行大约从美国战争时期开始迅速增加。亚当·斯密在银行业这一章的最后写了一段话，特地指出，“后来银行公司的增加令很多人感到忧虑”，但这其实是最好的。他提出，竞争虽然会迫使“所有的银行家在跟客户交易的时候变得更慷慨”，但也会迫使他们变得“更谨慎”。尽管透支可以补充资本，票据贴现可能能够让工厂主把他们的资本更快地运转起来，但在透支业务中，他们实际上不需要提供必要的资源。在有限责任公司机制下，可以由不参与公司实际管理的股东出资，也可以以信用债券或担保债券的形式出资——当然，1776年距有限责任公司机制的出现还有75年之久。

因此，李嘉图(Ricardo)和古典经济学家描述的仅仅是他们周围发生的情况——他们写道，好像管理工厂的人通常就是工厂所使用的全部或绝大部分资本的所有者本人。这些经济学家好像习惯把资本家和雇主当成同一个人，这种习惯一直延续至今。甚至到1848年，约翰·斯图亚特·穆勒仍评论说：“控制企业运营的通常是企业运营成本的独立投资人或最大的投资人。”

我们仍需要解释一下早期工厂主的自有资本。最近对这个问题进行的讨论让我们再次充分领会了当时的经济学家的措辞。

“资本(capitals),”亚当·斯密说道——他使用的是“资本”一词的复数形式,这种做法很有启发性,“通过节俭可以增加,通过浪费可以减少。”他还把富人们的行为进行了比较:有些富人会把钱花在“无所事事的客人和卑微的仆人”身上,这些支出不会给他们带来任何收益;而有些富人则“养了一些能帮自己赚钱的人”,“通过这样做每年都能攒一笔钱”。1835 年,西尼尔(Senior)提出了“节欲”一词,更好地解释了资本的来源。他的观点要求的全都是一些负面的东西,因此他所要求的节欲就是不消费;另外,他所说的节欲意味着“克己”,他还宣称“放弃自己能够享受到的东西”是“最考验人意志的事情之一”。像这样的词语没给人们带来什么快乐——在现代资本累积的过程中,我们很难发现世人所理解的真正意义上的克己和节俭。但用到 18 世纪现代制造业资本的来源上面,这些词语是准确和适当的。在很大程度上,这些资本的来源真的是普通人所说的“节俭”和“节欲”的结果。

新兴的从事制造业的中产阶级大都是不信奉国教的新教徒,这是一个为人熟知的事实。但是,人们还没有充分认识到 18 世纪新教徒的宗教义务概念所带来的经济后果。现在,我不需要讨论这些概念在多大程度上源自其宗教制度中的个人主义,这种个人主义在加尔文主义和后来的宗教运动中远远超出了宗教改革初期所倡导的个人主义的范畴;我也不需要讨论在多大程度上这种个人主义源自新教徒创立新教的政治和社会环境。无论它们的根源是什么,某些观念在新教徒当中占据了主导地位,这些观念在之前几个世纪的基督教教义中并不是完全不存在,但当时它们的作用被其他对立的观点削弱了。在这些观念当中,我们可以挑出以下几个:把做生意当成一种神圣的"召唤";寻欢作乐有罪;获取物质财富合法。1673年,理查德·巴科斯特(Richard Baxter)在回答他所在的教会对他进行的质询时回答说:"如果上帝给你指了一条路,让你可以合法赚到比通过其他方式赚的更多的钱,而你拒绝走这条路,却选择走赚得更少的路,那么你就是在违背上帝的召唤,拒绝做上帝的奴仆。"如果在娱乐或做生意以外的其他兴趣、家人以及宗教"联系"上面都没有花费的话,那么通过孜孜不倦地做生意和精明谨慎地选择有利可图的生意方式赚到的钱自然会积累下来。对像约翰·卫斯理(John Wesley)这样精明、严谨的评论者来说,这是一件需要严肃地警告大家的事情。他写道:"宗教必定会让人们变得勤奋和节俭,而这两样势必会带来财富……我们必须劝诫所有的基督徒要挣一切能挣的钱,省一切能省的钱——实际上,这就是一条致富的道路。""但随着财富的增加,骄傲、愤怒和情爱也会增加。"在他看来,唯一的补救办法就是让"那些挣一切能挣的钱、省一切能省的钱的人""同样也要捐出一切能捐的钱"。节省下来的钱不能用来炫耀或自我放纵,那么普通人自然而然会将它们用于商业投资。做出这种推测是仁慈的。这样,在很大程度上,我们无疑解释了人们是如何在中产阶级生意圈找到资本为各种新发明提供资金的。

即使社会环境在所有其他方面都非常令人满意,工厂制度的建立也会不可避免地带来社会危害和困难。不用说,18世纪的最后几年和19世纪的头几年,英国的社会环境并非在所有其他方面都非常令人满意。当时发生的大战争导致税负过重;新近精心设计的户外贫困救济制度无论初衷是多么仁慈,但实际的实施效果却极其令人泄气。但是,还是让我们把注意力集中到产业形势上面。这里,我们要讨论两组截然不同的情况。首先是新出现的机器制造的商品和手工制作的类似商品之间的竞争所产生的影响。机械生产方法取代了已经广泛推广开来的手工业,这种现象带来了一个问题,迄今为止仍没有一个国家能给出令人满意的答案。在英国,这个问题就是大大加剧了宪章运动时期人们的悲观情绪的手工织布机工人的长期痛苦挣扎(当最先应用于新兴的棉花行业的新机器被引入根深蒂固且分布极广的羊毛工业的时候)。其次是使用机器的行业自己内部出现的状况——这是我们特别担心的问题。在所有使用机器的行业中,机器的成本势必会造成雇主和工人之间严重的社会分歧。尽管我们所谓的“大家庭式的”亲密关系和相互理解等特征存活的时间比我们一般认为的要长,甚至直到今天依然存在,但只要在大批工人聚集的地方,个人关系就有被“金钱关系”取代的倾向。正如卡莱尔(Carlyle)或许想引导我们猜测的那样,之所以会这样并不是因为雇主心肠硬,而是因为形势的需要。随着个人关系的弱化,雇主可能会更加努力地行使他们受盈利动机控制的权利——甚至,他们一直坚持说那是他们的职责——并且会更加迫切地想要以尽可能低的价格购买劳动力。工人之间缺乏联合使得他们在报酬谈判中处于劣势地位,而雇主之间缺乏类似的联合迫使那些比较仁慈的雇主不得不去效仿那些更“商业化的”雇主。同时,在纺织行业,存在更加严重的直接的罪恶的根源。新兴的机器大大降低了工作对体力的要求,这使得大量雇用妇女和儿童成为可能;雇主们在昂贵的机器上投入了大量的沉没成本,因此让机器尽可能一刻不停地连续运转似乎对他们是最有利的。雇用童工和工作时间过长都已经不是什么新鲜事了。在家庭作坊里我们就曾经见到过这两种现象。但现在雇用童工成了一种制度,并且被广泛采用;工作时间过长已经不再是例如一周一次的偶然事件,而是变成了一周七天天天如此的惯例。

国家在应对这种状况方面行动非常迟缓,因为无论是商界人士还是公共舆论的思想领袖都普遍认为政府的控制或管理是过时的、非理性的政策。他们普遍认为,政府应该限制其维持所谓的"法律和秩序"方面的职能,个人以自己的方式追求自己的利益——我们将其称为"契约自由"——不仅对社会有利,而且是人与生俱来的权利。在这件事上,观察商业利益的压力和抽象的社会学理论的精心构思如何并肩同行是一件有趣的事情。在1688年光荣革命过去一个世纪之后,在约翰·洛克(John Locke)提出的天赋权利学说当中找到了自己的理论依据的辉格党同样是一个由商业或有钱阶层组成的政党。这一阶层,尽管他们需要在对外贸易中获得保护和特权,但是他们发现现行的国家对国内工业的管制妨碍到了他们。让我们来听一听伟大的东印度公司商人约西亚·柴尔德爵士(Sir Josiah Child)在其1698年出版、后多次再版的著名的《贸易论》(*Discourse of Trade*)中所做的坦率的陈述吧:

"我国的很多法律强迫我国人民必须生产特定长度、宽度和重量的结实的布料(我们也把它叫作良心布料)。如果所有这些法律都能充分得到实施的话,在我看来,其结果是弊大于利的,因为世界的风格和时尚发生了改变,在某些时候、某些地方（就像现在的大多数地方），薄的、便宜的、轻的布料要比重的、结实的、做工精细的布料销量更大、销路更广。如果我们想要从事世界贸易，我们必须效仿荷兰人，各种产品他们都能生产出最好的和最差的，我们必须能够满足各种市场和各种风格的需要。

我断定，所有限制织布机数量，或雇工种类和工作时间的法律无疑都是对英国的服装贸易不利的……

我断定，用张布架拉伸布料尽管有时会损害布料但对英国的贸易是绝对必要的，过度拉伸不一定要用法律加以限制，而是必须让最了解海外客户喜好的销售商或出口商自行判断。”

辉格党的臻荣时代一直被贴切地称为“议会科尔伯特主义”时期。它的目标与在伟大首相科尔伯特辅佐下的路易十四时期强大的家长式政权所追求的目标是一样的。辉格党时期的政策，不像法国那样，是根据国王及其选定的顾问关于国家整体利益的独立观点制定的，而是根据通过议会表达出来的商人阶级的眼前利益制定的。与都铎时期的政策不同，它重点关注的是海外市场以及进口和出口，它让国家内部管理的整套制度——行政法官评定工资制度、学徒制度、生产过程监管制度等——都失效了。亚当·斯密继承和发展了18世纪所有哲学思考的核心内容——个人主义。在他用支持个人自由的观点直接反对普遍实行的商业限制时，他毫不犹豫地坚持自己一贯的观点，谴责国内残余的工业限制措施也是违反天赋的自由权利的。亚当·斯密从光荣革命时期的哲学家洛克提出的著名的辉格党的财产权学说出发，将它应用到了产业领域。“每个人对自己的劳动拥有的所有权是其他一切财产权的原始基础，因此它是最神圣、最不可侵犯的。穷人从祖上继承下来的是灵活有力的双手。阻止他以他认为适当同时又不会伤害到周围的人的方式使用自己灵活有力的双手是对这种最神圣的财产权的绝对侵犯。这明显是侵犯了工人以及那些愿意雇用他的人与生俱来的自由权利。”

在这种信念的影响下，都铎时期出台的有关工资和雇佣制度的全部法规在 1813 年（有关工资的法规）和 1814 年（有关学徒制度的法规）都被废除了。“伊丽莎白一世统治时期，”负责其中一项法案的议员说道，“尽管非常辉煌，但是却没有出现众所周知的切实有效的商业原则。”

在短短几年间，英国开始再次逐步建立起新的产业法规，它比伊丽莎白一世时期的法规更能有效地控制个人行为的自由度。因为英国在产业革命方面领先于其他国家，所以英国的工厂立法在如何应对产业革命所带来的一些最严重的弊病方面也为其他国家树立了榜样，但是我没有时间详细讨论英国的工厂立法。让我们来简单了解一下英国工厂立法的几个主要阶段。1819 年，法律对在棉纺厂工作的儿童和青少年的工作时间进行了限制；1833 年，这种限制扩展到了所有的纺织行业，并且开始设立督察员负责监督这些法案的实施情况。中央政府通过当时已有的或后来设立的内政部、贸易委员会、地方政府管理委员会和教育办公室等部门恢复了在一个半世纪以前从斯图亚特王朝枢密院手中丢掉的实施社会准则的任务。1842 年，国家开始通过禁止女性到地下矿井工作来干预成年人的劳动。1844年，女性的工厂工作时间，与儿童和青少年一样开始受到限制。拥护这一措施的人之所以这样做是因为他们知道，这一措施实际上也会限制棉纺厂成年男性工人的工作时间，他们提倡这一举措就是为了这个目的——按照某些人的话说，这叫“躲在女人裙子后面进行抗争”。但在将近半个世纪的时间里，立法都没有迈出接下来的一大步，没有对成年男性工人的劳动时间直接进行控制。直到1893年，立法重新出发，在听取了铁路工人工作时间过长的陈述之后，允许贸易委员会给铁路公司施加一些轻微的压力要求它们修改工作时间表。15年后，1908年，立法对所有地下作业的煤矿工人的工作时间进行了限制，算是朝前迈进了一大步。这一措施之所以拖了这么长时间才通过只是因为矿工们自己都没有完全一致地支持该措施。

同时，早在1844年，国家通过坚持在机器周围修建必要的防护设施开始实施某些安全规则。20年后，1864年，立法开始授权国务大臣，让他负责颁布管理危险行业生产过程的特殊规定，但制定这些规定的目的依然是为了保护妇女和儿童。直到30年之后，1895年，国务大臣才获得了对只雇用男性的工场施加特殊规定的权力。事实上，从1850年开始，国家就承担起了检查煤矿的职责，从这个时候开始，每次重大矿难发生之后，国家都会出台一些促进安全的规定；而早在1875年，禁止船只装货量超过其载货吃水线的《商船法》的颁布就限制了海员和船主之间的契约自由。但长期以来，这些侵犯雇主权利的行为都被视为特殊情况，因为那些离开地面到地下或者大海上工作的人极其无助，所以大家都认为这些做法是合理的。

回顾从1813年到1913年这一个世纪的历史，显然，工业立法的发展主要经历了两大阶段。第一个阶段是围绕工厂法案展开痛苦争斗的时期。在这场争斗中，作为一个整体，经济学家支持全方面的自由——无论是在工业领域还是在商业领域。自由贸易运动的领导人，特别是约翰·布赖特(John Bright)强烈反对已经提出的工厂法案，认为它们"违背了所有健全立法的原则"。罗伯特·皮尔爵士(Sir Robert Peel)是兰开夏郡一名纺织工人的儿子，他后来成为自由贸易主义者的偶像，但他却是棉纺工人的拥护者沙夫茨伯里勋爵(Lord Shaftesbury)最讨厌的人。1847年托利党乡绅通过了伟大的《十小时工作制法案》(Ten Hours' Act)，一方面是源于他们的诚实信念，一方面是为了报复制造业利益的代表前一年废除《谷物法》(the Corn Laws)的行为。截止到1850年，工厂立法的主要方针都已经确定下来。自此以后的很多年，立法运动的性质就是慢慢地、小心谨慎地将这些原则扩展到跟纺织集团有关的行业以及非纺织工厂和工场中去。在两大政党都接受商业自由贸易原则的这段时期，大家普遍认为应当将产业契约自由作为通行的规则，任何"国家干预"都是完全不正常的：提出这一假定的目的就是为了推翻它。碰巧，从历史学的角度来看，经济学家的个人主义哲学最令人敬畏的评论家亨利·梅因爵士(Sir Henry Maine)在1861年出版的《古代法》(*Ancient Law*)一书中似乎通过将自由契约原则描述为长久历史发展的必然结果为这一原则奠定了比以前更加坚实的基础。

直到19世纪90年代，才开始有了真正巨大的新进展。爱尔兰土地保有制度遇到的困难打开了过去一直以奉行个人自由原则而著称的政党的眼睛，让他们见识到了至少在爱尔兰干预地主和佃户之间的自由契约的必要性；但是老式的政治经济学不可能在爱尔兰"被放逐到了土星"，而在英国的活力却丝毫不减。另外，从洛克开始的欧洲的思想运动让18世纪的人认为国家只不过是一个治安官，他唯一的职责就是将个人竞争者限制在赛场内完成他们的比赛，这种思想运动在很久以前就已经被黑格尔(Hegel)改变了。在诸多表示更相信国家的英国思想家当中，我们要特别提到一位对后来成名的很多年轻人产生深刻影响的思想家——牛津大学的哲学家托马斯·希尔·格林(Thomas Hill Green)。在1881年出版的一本朴实的小册子里，他对"不受限制的纯粹的自由"和"更高意义上的自由——人类能够尽自己最大努力的能力"进行了深层次的区分。从后一种意义上来讲，实际上，限制越多可能越能促进自由。

曾经有段时间，赫伯特·斯宾塞(Herbert Spencer)的著作所带来的影响似乎能够给不断衰退的个人主义势力带来新的力量。但斯宾塞对国家行为的厌恶很难与其将社会看成一个有机体的观点吻合起来，这种厌恶走到了极端让他失去了实干家们的支持。达尔文学说产生了更大的影响。某些科学爱好者非常认真地提出，因为在生物界"生存斗争"导致了"适者生存"，所以我们不应该对经济竞争施加任何形式的限制。但是，这一学说需要彻底颠覆现代文明，所以不可能会对立法者产生影响，达尔文学说的积极推广者赫胥黎(Huxley)也不接受这种观点。中世纪穆勒的思想占据了统治地位，紧接着经济思想发展经历了一段停滞期，停滞期过后迎来了一个更加多产的新时期。1882年，杰文斯放弃了支持自由放任的传统假设，提出每种情况都必须根据事情本身的是非曲直加以考虑。

不管原因是什么，19 世纪的最后 25 年英国出台了伟大的强制保险法——名字上虽然看不出来但实际上是有关意外险的 1897 年的《工人赔偿法案》(the Workmen′s Compensation Act)和名实相副的 1911 年的《疾病保险法案》(the Insurance Act against Sickness)再加上当时仅限于三大行业但很快就扩展到了整个工业领域的失业保险措施。同时，正如我们已经讨论过的，通过 1909 年颁布的《贸易委员会法案》(the Trade Boards Act)和 1912 年颁布的矿工《最低工资法案》(the Minimum Act)，国家在工资调控方面有了一个新的开始。如果伊丽莎白一世时期的伟大政治家伯利(Burleigh)的鬼魂能够听到 1813—1814 年伊丽莎白一世的立法被废除时下议院说的话，如果他还能听听 1908—1912 年下议院说的话，那么他会笑得非常开心。

但历史发展的进程不会真的重现。无论它们看起来多么相似，新旧之间总会有本质的差别。都铎时期的状况和我们现在的状况之间的区别在于民主制度的出现。制定过去 20 年来各种伟大措施的国家是一个民主国家，主要通过领取薪水的官员进行运作。这种制度跟不得不通过拥有土地的贵族进行运作的君主制国家一样都存在实际风险，只是风险的类型不同。

我认为，在很大程度上，至少在工资方面，现代国家可以利用代表工资合同双方的法人组织来减少这些风险。在国家干预的初期，工人们最初也通过用工会的“集体谈判”代替工人无力的单独行动的方式努力想要帮自己争取。几个世纪以前，普通法禁止工人们联合起来要求涨工资，因为管理雇佣条件是议会和法官的事情。在政府对工资的管制实际消失以后，人们可能认为法律就允许工人们进行联合行动了。实际情况却与此相反——1799 年，法令禁止工人们的联合行动。1824—1825 年，这条法令被废除了，但导致这条法令被废除的激进分子之所以这样做是因为他们希望"如果不加干涉，联合行动就不存在了"。长期以来，经济学家一直禁止工人们联合行动：在他们看来，这样做是错误的，因为它违背了天赋的自由权利，妨碍了个人为自己争取自己想要的雇佣条件的自由；而且，根据传统的工资学说，这样做是没用的。曼彻斯特学派的自由贸易主义者也不赞同联合行动。就在 1860 年，约翰·布赖特(John Bright)曾经说过："从长期来看，工人的联合行动对工人和对雇主一样都是有害的。"然而，众所周知，全国所有的主要行业都建立了自己的工会组织，工会的建立经历了一番痛苦的斗争。在斗争过程中，一方存在暴力和愚蠢，另一方则存在对人性的无知和目光短浅。到了 1894 年，皇家劳动调查委员会报告称，在全国所有的主要行业都有"强大的工会组织，他们习惯于大规模的联合行动，使得通过在市场上讨价还价确定单个工人工资的老办法不再可行。工会组织的存在在很大程度上已经导致工资委员会或其他多多少少有些正式的机构放弃了原先确定工资的老办法。通过工资委员会或其他机构，工会组织获得了有关劳资双方如何分配收入的咨议权"。委员会在其他地方评论说："有关工会的存在争吵最多的时期就是它在家长制状况下刚刚出现的时候，在这种状况下每个雇主都是在没有外援的情况下独自应付自己的工人，当时还没有完全进入另外一种状况，即谈判在两个充分了解对方的强大的团体之间进行。”1897—1898 年爆发的工程人员大罢工以极其困难的形式提出了集体谈判问题。最终，作为和解条件，胜利的雇主明确承认了集体谈判原则。

经历了 1911—1912 年的暴乱之后，假装普遍承认集体谈判原则就能彻底地解决劳工问题是荒谬的。即使双方能够坐到一起，准备代表自己的成员进行谈判，他们可能也无法达成协议。在这种情况下，主席或裁判（万不得已的情况下由国家指定）不得不做出决定——如果他能说服双方赋予他这个权力的话。但之前的讨论将会给予他极大的帮助。而除非两边都有能够实施其决定的组织，否则他的决定就是无效的。尽管最近发生了一些风暴，但情况要比工人间的联合实际上更脆弱的时候有希望得多；至少在某种程度上，补救办法似乎是要将有关各方以更加完美的方式联合起来。在解决两边最适合的组织形式问题之前，我们还有很多重大的困难需要克服。眼下，最重要的就是工会的结构问题：工会是应该按照“工艺”（即单个的生产工序）还是“职业”（即相似的生产工序组成的群体）抑或是“行业”（就像雇主的分类方法一样）进行划分。我们可能无法找到一个统一的解决办法，雇主方面遇到的类似困难可能也无法找到统一的解决办法。但这不必妨碍我们采用能够充分有效地满足实用目的的工作安排。未来的产业组织可能就像中世纪后期的产业组织一样，是从基于上面国家管理的需要和下面自发联合的结果而形成的工会中发展出来的。

第八讲　股份制与资本主义的发展

我们已经讨论过，工厂制度的建立意味着制造领域出现了大量的资本，并且其所有者或使用者获得了整个生产过程和销售过程的控制权。显然，被方便、简洁地称为资本主义的东西，即以资本赢利为目的的现代生产方法，在某方面取得了极大的成功。人类劳动得到了无比有效的利用。科学，借助于昂贵的机器，将各种以前想象不到的自然力量利用到了无法想象的程度。结果，商品数量大大增加，价格大幅降低。因此，1901 年，生活在英国土地上的人口几乎增加到了 1801 年的四倍，而且大多数人的物质生活水平无疑比一个世纪之前提高了很多。同样明显的是，因为人类本性如此，所以私人所有制下的资本主义工业组织必然会带来雇主和工人切身利益之间的对立以及不断发生劳资纠纷的风险。

面对这种状况，资本主义爱好者们自然会四处找寻摆脱这种棘手状况的方法。他们想到的一个方法就是：如果每一家工厂的所有权都能归里面的工人所有，那么就可以保留资本的优点——机器的使用和大规模的生产——并避免其缺点。简而言之，这就是合作制度补救法，而合作制度的含意就是最早把它应用到生产中去的那些人所理解的意思。它的完美典范就是摆脱了个人“雇主”及其“利润”，因此也废除了“工资制度”的自治工厂。受到1948年以及之后几年巴黎和伦敦出现的一些明显成功的例子的鼓舞，约翰·斯图亚特·穆勒预言合作制度最终一定能获得胜利。1852年，他在被大家广泛阅读的政治经济学教科书的第二版中写道：“如果人类继续将它完善下去，那么我们预见，最后合作制度形式一定能够占据主导地位。合作制度不是存在于当老板的资本家和对管理没有任何发言权的工人之间的组织形式，而是由工人自己在平等的条件下联合起来，共同拥有运营资本，在经营者的领导下工作，并且他们自己可以推选或撤换经营者。”十年后，1862年，穆勒宣称已经获得的经验“向所有人证明了合作制度原则拥有光明的前景”。“在世界两大领先国家的社会深处有一群纯朴的工人，他们的正直、理智、自制和对彼此可敬的信任使他们能够让这些崇高的尝试取得成功。在这种情况下，我们只能对人类的未来充满希望。”三年后他又补充说，合作制度的成功会“在社会上掀起一场道德革命，平息劳资双方之间长期的争执，将人类的生活从利益相悖的不同阶级之间的斗争变成追求共同利益的友好竞争，提高劳动者的尊严，给劳动阶级带来新的安全感和独立感”。

但是，这些预言最终给人们带来了巨大的失望。人们进行了成百上千次尝试。在凑齐资本的过程中人们表现出了坚持不懈和自我牺牲的崇高精神；但是，无论是从商业的角度来看，还是从合作的角度来看，穆勒所说的合作生产的企业无一例外都彻底失败了。有些失败是因为环境的压力导致的，但大多数失败是因为管理不善造成的。这些企业要么是没有找到胜任的经营者，通常是因为他们不愿意支付足够高的薪水，要么是跟经营者之间发生了争吵。事实证明，工业自治完全没有能力组织生产和（更重要的是）寻找市场。一旦成功，其后果也是致命的。一些小型的手工业者协会，就像大多数早期的合作团体一样，如果取得了成功就会变得很排外，开始雇用外面的劳工。后来在棉纺织业组建的大型的协会则变成了彻头彻尾的股份公司，在股份公司里面，工人们的确拥有了股份，但雇主和工人不再是对等的主体。事实上，合作制度并没有给资本主义带来太大的改变。所谓的合作制度只在零售领域取得了较大的成功。由零售商店联盟合作批发社所经营的大型的制造企业的经营模式与很多管理良好的"私人"企业基本是一样的。

"利润分享制度"(profit-sharing)和合作制度的区别在于在利润分享制度下，各企业所有的资本〔在其最新阶段"劳动合伙制度"(Labour Co-partnership)下，几乎所有的资本〕均来自工人出资以外的其他方式，因此企业管理的控制权掌握在资本所有者所指定的人手中。但当企业挣得的利润超出合理的资本利息和合理的管理报酬时，工人除了拿到工资以外，还能分到一部分利润。在这里，我们不需要讨论这只是对普通资本主义制度稍加修改，还是本身就包含了真正的合作制度的萌芽，因为就像合作制度本身的发展历史一样，迄今为止利润分享制度的发展历史上面记载的都是反复失败的经历（两种制度都有一个特例）。从穆勒曾经满怀希望地描述过的 1875 年几位布里格斯先生(Messrs. Briggs)所做的尝试到最近经常讨论的一些计划，几乎在每种情况下，失败的原因都是利润分享制度和工会制度明显互不相容。即使在引入这种制度的企业没有——像早期大多数实行利润分享制度的企业那样——将不加入工会作为分享利润的先决条件的情况下，这种互不相容自己就已经显现出来了。雇主们现在不得不应付以下实际情况：在所有需要雇用熟练工人、工作条件极其相似且拥有很多家企业的行业，多家企业的工人必定会因为共同的利益团结在一起，而且必定会努力通过联合行动争取他们认为自己应该享有的利益。如果不将受雇于特定某家企业的工人从整个行业的工人总群体中分离出来，利润分享制度或劳动合伙制度根本无法实施。因为这个原因，明智的工会领导人必定会反对这种制度。我们发现，迄今为止，只有一个行业可能能将利润分享制度保留下来，那就是燃气制造行业。遵循乔治·利夫西爵士（Sir George Livesey）和南部城市燃气公司（South Metropolitan Gas Company）定下的先例，控制着英国半数以上燃气制造行业资本的多家公司都引入了一些利润分享制度的元素。但在燃气制造行业，企业雇用的几乎都是一些没有熟练技术的工人，工会制度迄今仍比较薄弱，而且该行业具备其他对利润分享制度特别有利的条件。其中，最主要的条件就是几家企业必然享有的极大的地方垄断权以及约束该行业的奇特的法律制度——该制度使得红利的增加要依靠降低出售给消费者的价格，因此明显而又紧密地将股东的利益和工人的工作效率联系在一起。

只要其他行业不具备这些条件，唯一可行的可以应用利润分享想法的方法就是不考虑当时工人所受雇的某一特定企业的盈利情况，让所有工人分享他们所在的整个行业的利润。但即使在这种情况下，依然会遇到单个企业采用利润分享制度时会遇到的困难，即分享利润的原则丝毫没有确定利润应该如何分享。双方都提不出可以避免相关方必须进行令人讨厌的谈判的一般抽象原则。

与合作学派相反，伟大的法国哲学家奥古斯特·孔德（Auguste Comte）提出——就在开始实施合作制度的同一年，1848年——“资本家和工人之间自发产生的分歧”是无法改变的。相反，他认为，我们应该把它当成能够培育出未来更令人满意的产业组织的萌芽。他断言，这个困难的解决办法就是他希望能够创造出来的“精神力量”应该“在雇主们中间传播开来，让他们对下属产生强烈的、习惯性的责任感”。他认为，在这方面影响大雇主要比影响小雇主更容易，因此人们不应该哀叹，而是应该欢迎“不断扩大企业规模的趋势”。

当时，孔德把希望放在了雇主的“道德教化”上面。不可否认，在这方面，的确有了一些改善。第一代工厂主具有很多专横和狭隘地追逐个人私利的特点：当然，现在，雇主普遍对于应该为自己的工人做什么有了更加强烈的意识。雇主们的道德意识快速提高。在这方面，国家通过工厂立法，工人自己通过他们的工会给雇主施加压力，二者都功不可没。然而，从孔德时代开始企业组织发生的重大变化明显都倾向于进一步弱化雇主和工人之间的个人关系，倾向于为雇主制定的任何以除商业利润以外的其他东西为目的的政策设置新的障碍。当然，我想要讲的是有限责任联合股份公司的引入——英国引入有限责任联合股份公司的时间是1862年。股份制对商业资本供应的促进作用之大超出了所有人的想象，但它必然会进一步弱化劳资双方之间的个人关系。此外，在其他方面，它也让局势变得更加复杂。管理者认为自己是股东们的受托人,因此从道德角度来讲本身就有为了利润牺牲仁慈的义务。因为对股权转让没有任何限制,所以很高的实际利润在入股较晚、花了大价钱从之前的股权所有人而不是公司手中买到股份(仅仅是因为分红很高)的股东看来只不过是适度的回报;因此,不管实际营业利润有多高,以高价买入股份的股东们都倾向于施加压力反对任何有可能会减少利润的政策。在股份制管理体制下,通过对单个雇主或单个用人单位进行道德教化让他们自愿为了工人的利益牺牲部分利润的希望很渺茫。在这种事态下,人们更可能希望的是为了追求利润,大的生产企业会在自己工厂内部采取既对工人有利又会直接(通过内部规模经济)或间接(通过广告的力量和利用消费者对工人的同情)增加雇主收益的措施。在这方面——不是自我牺牲而是理性的利己主义方面——还有很大的发挥空间。但是,"福利"项目要想取得永久的成功,就必须按照与工人的政治和经济独立相符的方式实施。

回顾 19 世纪的历史,我们可以看到工业生产组织并没有发生根本的改变。它的基本特征依然是大量工人要依靠受利益驱使的投资者提供的资本。政府行为和劳动联合能够做的就是在它们行之有效的那些生产部门,通过执行某些标准雇佣条件稍微提高一下竞争水平。因此,我们现在要谈的是资本主义按照其内部规律向前发展的过程。

在英国,资本主义的发展道路和世界上其他制造业大国如出一辙。其发展过程有四大特点:(1)集中。与劳动力相比使用的固定资本更多,平均聚集的工人人数比较多,因此工厂实际数量增加的速度比工人人数的增加速度要慢。(2)一体化。(3)联盟。(4)

针对工人的集体行动。让我们分别来看一下这四大特点。

第一大特点是集中。在这方面，德国和美国都能找到一些官方的统计数字，但在英国，我们还没有找到容易获得的数据。在英国依然存在一些像裁缝业这样遍布全国各地的行业，它们不是按照工厂的方式组织生产，而是按照18世纪“家庭”工业的方式运营。尽管行会本身很早以前就已经消失了，但仍有很多小型的手工业依然保留了很多古老的手工业行会时期的特点。另外，新兴的行业层出不穷，它们在初期阶段都是以小型工场的形式在成功运营。工厂制度还没有像人们在半个世纪之前预言的那样取得绝对的支配地位。尽管如此，在英国的主要行业，工厂已经成为占主导地位的组织形式，而且这些工厂的规模在稳步扩张，配备的机器设备也越来越昂贵。因此，据计算，1848年，投资在棉纺厂及其机器上面的总资本大约是年工资总额的两倍；1890年，投资在棉纺厂及其机器上面的总资本大约是年工资总额的五倍；后来，每家棉纺厂的平均纺锤数量和织布机数量也比平均工人人数高至少50%。这还是在众所周知集中程度发展较其他主要行业（尤其是钢铁和工程类行业）慢得多的行业，之所以会这样是因为建造纺织厂和购买纺织机器的成本相对较低。据估计，1900年的冶炼高炉数量大约是1800年的四倍，每个高炉的平均产量几乎增加了十五倍。但是，我们应该注意到工厂平均规模增加而工厂数量减少或至少没有同比例增加，这跟使用的资本所有权的集中不是一回事。因此，啤酒厂的数量从1850年的44,000家减少到1903年的五六千家。但随着19世纪90年代后期啤酒公司改组为股份制公司，股权变得非常分散，以至于后来，单是最大的五家啤酒公司的股票和债券持有人就有 27,000 人。大约在同一时间,英国缝纫棉线公司的资本所有者有大约 12,000 人,细棉纺织厂的资本所有者介于 5,000 和 6,000 人之间,利普顿(Lipton)的大企业拥有 74,000 名股东。实际上,有人提出,股份公司中的产权分散程度比有时候人们猜测的要低,因为一个有钱人通常拥有好几家公司的股票。有人提出证据证明,股份公司的资产所有人,据估计,总共不超过 50,000 人。但是考虑到这些人中的大多数都是通常一人要养活好几个人的成年男性,即使这一最小化的估算结果也依然表明工业资本远非仅仅归百万富翁所有。工业中产阶级有了新的形式,它现在主要是由公司的行政人员和股东构成的。但是,任何一个从我们的大工业城市的郊外住宅区走过的人都知道,尽管马克思及其学派曾经做出过预言,但工业中产阶级没有任何要消失的迹象。我们甚至怀疑它是否有过比现在更强大的时候。

资本主义发展过程,尤其是 19 世纪最后 25 年的第二大特点是一体化。这一点是钢铁、工程、造船类行业的典型特征。所谓一体化是指由一个企业控制之前各自单独进行的一系列促成一个最终结果的操作,例如从矿石和煤炭的开采,到冶炼高炉和炼钢厂,再到五金器具、机器或船舶生产的制造和使用钢铁的一系列操作。美国的卡内基(Carnegie)和德国的克虏伯(Krupp)是这方面的领头人;但在 19 世纪 90 年代,英国迅速迎头赶上,进行了十几次大规模的整合——要么以实际合并的形式要么以购买控股权的方式。于是,拥有煤矿、矿田、冶炼高炉和炼钢厂,生产装甲钢板、锅炉钢板和一系列钢材的谢菲尔德的约翰·布朗公司(John Brown & Co.)与生产战舰和涡轮班轮的克莱德班克造船公司(Clydebank Shipbuilding Company)合并了。以生产钢铁和军火起家的纽卡斯尔的阿姆斯特朗公司(Armstrong and Co.)收购了一家大型工程企业和一家大型造船厂,获得了一家著名的机车和海事工程企业和一家主要的鱼雷制造公司的控股权。大约同一时间,南威尔士和斯塔福德郡的大型企业格斯特·吉恩·内特尔福德公司(Guest, Keen & Nettlefold)将众多的煤矿、矿床、冶炼高炉、炼钢厂以及一系列像螺母、螺栓和螺丝钉之类的产品都纳入到一家公司的旗下。这仅仅是一些典型的例子。在这些一体化活动过程中,采取主动的可能是上游企业也可能是下游企业;有可能是产品相对比较接近成品的企业为了牢牢地控制住自己的原材料所以才把触角伸到了行业上游,也有可能是处于生产初期阶段的企业为了给自己的产品找到稳定的销路所以才把触角伸到了行业下游。无论是哪种情况,结果都是一样的。

资本主义发展过程的第三大特点——也是在19世纪最后25年表现比较明显——是从事相同生产活动的企业有组成垄断联盟的倾向。我所说的"垄断"未必表示不好,只是说明这些联盟的主要目的是通过控制供给影响价格。因为神圣性不是竞争所固有的,仅由竞争确定的价格常常会严重损害被雇用的工人的最大利益,因此我们没必要因为"垄断"一词而感到吃惊。联盟的倡导者的确常常把"联盟的规模效应"说成是他们的动机,在大多数情况下,这实际上只是一个非常次要的动机;其真正的动因是,他们预计,如果没有竞争,他们就能索要更高的价格。但是,我们必须承认联盟常常可以取得比较大的规模效应。从很多方面来看,特别是从广告和销售费用的角度来看,竞争性交易都是一种有着不必要的高成本的满足公众需要的方法；垄断很可能会同时降低消费者的成本和增加生产者的利润。

在英国，企业间的联盟有两种形式：要么是通过签订协议的形式，要么是通过彻底合并这种更加彻底的形式。在第一种形式当中，最引人瞩目的一个是控制钢轨生产的协议。这是因为该协议依赖于由美国、英国、德国、比利时、法国和俄国的制钢厂建立的国际联盟，在这个国际联盟当中，每个国家的制钢厂联盟都获得了本国市场的垄断权，并分得了部分世界其他地区的市场份额。现在，在烟草行业还能找到类似的国际协议，北大西洋的轮船公司之间也能找到类似的国际协议，只不过偶尔会有成员违反协议。在第二种形式合并当中，我们在1898—1900年于纺织行业的某些分支中建立的名义上叫作“协会”、实际上就是彻头彻尾的合并企业里面能找到主要的例子。这都是一些规模庞大的企业。例如，卡利科印染工作者协会（Calico Printers' Association）拥有825万先令的资本，细棉纺纱工协会（Fine Cotton Spinner）拥有725万先令的资本，漂白工协会（the Bleachers）拥有675万先令的资本，布雷德福染色工协会（the Bradford Dyers）拥有475万先令的资本。在每种情况下，合并企业控制着整个行业。我们将会看到，它们都附属于主要的纺织工序——纺纱和织布。值得注意的是，尽管现在所有的附属行业都组成了企业联盟，但是在纺织行业两大主要分支纺纱和织布领域，竞争依然异常激烈。

过去，一些不喜欢托拉斯和保护的人认为，英国——按他们的话说——受到了其自由贸易政策的有效保护而不会受托拉斯的影响。尽管迄今为止英国仍是一个自由贸易国家，但它已经不再是一个完全不存在托拉斯的国家。英国的商业政策在某种程度上延迟了托拉斯的出现，让它们变得不够稳固，这的确是个事实，无论它对英国是否有利。但在这个问题上还有一些其他的重要因素，高效的生产就是其中一个。随着现代工厂建厂成本的增加，竞争的持续作用减少了竞争企业的数量。如果一个行业是由少数特别大的企业在经营，那么这些企业之间将会更容易达成协议；签订协议的一方放弃协议的可能性更小，签订协议随后带来的价格上涨更加不可能让新的竞争者进入该领域。当英国有 20 家公司生产钢轨的时候，没有任何协议是持久的；由于公司的数量减少到 9 家，显然它们觉得更容易联合在一起。一旦一个行业的企业数量掰着手指头就能数得过来，那么它们可能会发现联合比竞争更有利。跟竞争的可能相比，它们甚至更喜欢适度的、稳定的收益。企业界越来越厌倦竞争所带来的紧张感，人类对安全感的渴望是促使工业组织发生变化的主要因素之一。

当企业间的联盟在一个国家建立并稳定下来以后，来自国外的竞争风险很大程度上取决于其地理位置。如果业务必须依附于某个地区——就像曼彻斯特的漂白业和布拉德福德的染色业一样，那么竞争就是不可能的。在那些依然可能存在竞争的地方，在当前情况下，通过国际协议避开竞争的可能性越来越大。

最近的一位学术著作的作者列了一张包括大约 18 家带有垄断特点——也就是说，他们当中的每一家都能控制某一种重要商品或某一类商品的销售和价格——的大型合并企业或企业联盟的清单。这还没有把取消了设备和设施使用费率竞争的铁路和航运公会（the Railway and Shipping Conferences）计算在内。但一段时间以来，拿垄断和竞争进行对比的习惯非常有误导性。大家觉得好像是某些行业明显已经实现了完全垄断，而在另一些行业自由竞争依然盛行，但情况并非如此。事实是：现在，整个工业领域都在从自由竞争向更加稳定转变。它很少能够达到绝对垄断，但很快我们将更难找到完全竞争。

通过减少竞争对手的数量为联合做准备的方法以及剩下的竞争对手在达成协议之后能够防止外来者入侵的方法就是竞争方法本身。在确定航运业公会折扣策略合法性的1891年的著名的巨头案中，大法官和霍尔斯伯里法官（Lord Halsbury）评论说："如果这是违法的，那么大多数存在竞争的商业交易，肯定同样也是违法的。"也就是说，在限制竞争方面，垄断不是像斯图亚特时期的国家垄断那样靠的是外来的权力：它是用竞争自己的武器打败了竞争。

我认为，近几十年来限制甚至是取消竞争的明显趋势并非反社会力量昙花一现的结果。托拉斯的出现和行会或工厂的崛起一样是"自然而然的结果"。它是资本所固有的追求利润的特性所导致的。它既源自人性好的一面，即想要互相帮助的冲动和对安定的渴望，也源于人性不好的一面，即对利润的追求。我相信，对于我们的子孙后代而言，自由竞争时代及其反复出现的危机看上去就像童年得过的一场病一样。我对联合运动抱有更大的希望是因为我认为生产常规化是认为工作的稳定性比报酬的多少重要得多的工人阶级最大的希望。但是，很显然，尽管企业间的联合可能有很多的优点，但也会给消费者带来了一些确定的风险。不过这些风险没有一些人所匆忙猜测的那么大，因为利己主义甚至会限制垄断价格，但仍存在很大的风险。我坚信，一段时间之后，政府将不得不介入，对垄断价格进行公共监管，如果需要的话，甚至会像英国政府对铁路公司的收费已经进行了限制那样对垄断价格进行控制。我们要做的就是确保现代政府能够非常称职地履行其棘手的但最终避免不了的职责。

最近资本发展的最后一个特点就是雇主们的团结意识在不断增强，针对工人展开集体行动的组织在不断强化。工程和造船雇主联合会（the Federation of Engineering and Shipbuilding Employers）就是一个很好的例子。过去，工人比雇主团结，所以他们一次次紧紧团结在一起，通过逐一击破的方式在对雇主的战斗中赢得了胜利。有人哀叹现在那种时代已经过去了。从今以后，不仅同一个地区同一个行业的雇主会站到一起，而且全国一个大行业里的所有雇主也会因为共同利益紧密团结在一起，以便能够提出足够有影响力的共同意见以阻止甚至是一个地区——更不用说单个企业——达成仅对自己有利的协议。就像早期达拉谟的煤矿主不允许该郡任何一家单独的煤矿在没有征得其他煤矿主同意的情况下屈服于工会的压力一样，后来，为了跟贝尔法斯特的雇主保持一致行动，格拉斯哥工程行业的雇主在自己愿意接受工人提出的条件后很长一段时间仍然坚持关厂停业。无疑，将雇主利益团结在一起的做法暂时的确会令工会更难实现其眼前目标。但这显然不仅仅是对工人联合行动趋势的自然回应，而且在很多情况下，还是进一步促进产业和平的必要准备。就在两年前，伦敦各个码头遇到的困境表明，实现产业和平道路上的巨大障碍不仅来自工人方面的极端主义者，还来自那些拒绝受雇主协议（在该协议中，他们并不是单独的缔约方）束缚的雇主（通常是一些较小企业的雇主)。

无论是雇主方,还是工人方,都建立起了各自的行业组织,社会正在费力地朝着这个方向摸索前进。那么就让我们希望它们能够更加和谐地团结在一起——同时,有政府在背后灵活、明智地保护整个社会的利益。世界上还没有出现过纯粹的个人主义;我认为,也不会出现纯粹的社会主义,因为利己主义的观点既是人性也是社会特性永恒不变的组成部分。它必须创造出适合每个阶段的有效的妥协方法。我们开始意识到,还有可能出现除了被赫伯特·斯宾塞在《人与国》(*Man v. The State*)中夸大成敌对的那种古老的对立以外的其他情况。我们必须在我们的社会组织以及社会学理论中为介于个人和政府中间的各种不同类型、不同规模、不同紧密程度的团体的活动和相互关系留出一席之地。这是需要从过度的职能政府论中间分辨出来的一种有价值的思想。这是从被像吉尔克(Gierke)这样的学者建立在历史研究基础上的新的社会有机体理论中学到的经验。

附录 扩充阅读建议

以下注释的目的既不是为了说明原始资料来源的类型和范围，也不是为了提供现代经济史文献的参考目录。它们的目的仅仅是为了告诉那些开始这项研究的人到哪里去寻找有关我们所讨论的各个话题的适合的、易读的但又不会过于专业的英文资料。我们将会发现，下面提到的很多作品都是在我讲完这些讲座之后才出现的；不用说，尽管它们的结论总是值得思考，但未必具有权威性。

自始至终我们都需要记住，阿奇迪肯·坎宁安(Archdeacon Cunningham)的《英国工商业的发展》(*Growth of English Industry and Commerce*)(1903,1905)提供了有关整个英国经济史的大量资料。另外，我们还参考了我所撰写的《经济史》(*Economic History*)(最初出版于 1888 年和 1893 年)。这本书在英国是作为第一卷的两个部分出版的，在美国则是作为两卷出版的，所以在这里我们引用的时候标注的是《经济史》第一卷和第二卷(Econ. Hist. i. and ii.)。第一卷我们用的是最后一版。

第　一　讲

1883 年出版的西博姆(Seebohm)所著的《英国的村落社会》(*English Village Community*)(1883)可以帮助我们开始真正了解中世纪的农村生活。学生最好从阅读这部伟大著作的前 104 页开始;在这一部分中,作者首先描绘了 19 世纪他所在的希钦小镇的地图,然后通过中世纪的文献,追溯了从《末日审判书》(Domesday Survey)时期开始的敞田农业制度的主要特点。无论大家如何看待西博姆在该书后面的章节以及后来所著的《威尔士的部落制度》(*Tribal System in Wales*)(1895)和《盎格鲁—撒克逊法律制度中的部落习俗》(*Tribal Custom in Anglo-Saxon Law*)(1902)中提出的有关中世纪农奴制度起源的理论,后来的调查不过是证实了他在《英国的村落社会》中所描绘的将要解释的状况。

在 1871 年出版的亨利・梅因爵士(Sir Henry Maine)所著的《东部和西部的村落社会》(*Village Communities in the East and West*)(1871)的第三章到第五章中,我们可以找到有关采邑是从独立的实行自治的村落社会发展而来的理论的最精彩讲述;但是有关"公共用地被分成了三块长条状土地"的描述当然是不准确的,并且证明了在西博姆重新解释之前,人们已经彻底忘记了敞田制度。有关日耳曼人的情况,梅因显然是根据冯・莫勒(von Maurer)的著作提出的自己的主张;甫斯特尔・德・库朗日(Fustel de Coulanges)所著的《土地所有权的起源》(英译本)(*Origin of Property in land*)(1891)一书的第 3—62 页列举并批判性地检验了冯·莫勒的证据。

甫斯特尔·德·库朗日在很多著作中提出了自己的理论,称欧洲大陆类似采邑的组织可以追溯到罗马帝国时期的农庄(villa),但迄今为止,甫斯特尔·德·库朗日的这些著作都没有英译本。《帕尔格雷夫政治经济学大辞典》(*Palgrave's Dictionary of Political Economy*)第二卷中有一篇名为"甫斯特尔·德·库朗日"的小文章,其中总结了库朗日的基本观点;佩拉姆(Pelham)在关于《帝国疆土和殖民地》(*The Imperial Domains and the Clonate*)(1890)一书的讲稿中单独讲述了罗马帝国时期的农业状况。

自从甫斯特尔和西博姆重新提出这个问题以来,维诺格拉多夫教授(Professor Vinogradoff)在其1892年出版的《英格兰隶农》(*Villainage in England*)和1905年出版的《采邑的发展》(*The Growth of the Manor*)中,以及已故的梅特兰(Maitland)教授在1895年出版的与波洛克合著的《英国法律史》(*History of English Law*)和1897年出版的《末日审判书及后续》(*Domesday Book and Beyond*)中,都提出了很多有关农奴制度的新观点。两位教授的观点都倾向于认为大多数土地耕种者最初都是自由人;但前者倾向于保留马尔克学说所提及的大量的"共同所有权"特征,而后者则倾向于将明显的"共有"特点降至最低。除非想要专门研究起源问题,否则读者或许不会花太多时间去研究这些著作。但无论如何,读者都应该读一读波洛克与梅特兰合著的《英国法律史》第一卷第二册第一章第十二节中有关维兰土地保有制度的描述,以及梅特兰所著的《末日审判书及后续》第107—128页的精彩内容,其中提到“采邑”最初是指“征收丹麦税赋的宅邸”。我们在1900年出版的阿什利所著的《历史和经济概览》(*Surveys, Historic and Economic*)一书中能找到对近年来有关农业历史的很多著作(其中就包括维诺格拉多夫和梅特兰的著作)的评论。这些评论简要地介绍了我们正在讨论的各种著作的多数主要观点,但读者需要辨别和警惕评论者的个人偏见。阿什利最新的关于这场辩论目前局势的评论请参见他在1913年6月出版的《经济学杂志》(*Economic Journal*)上发表的名为“比较经济史与英国地主”(Comparative Economic History and the English Landlord)的文章。

索罗德·罗杰斯从领地主管所记的账册和类似的文档中找到了有关中世纪英国生活情况的大量信息,并把它们写入了其1866年出版的《农业和价格史》(上、下册)(*History of Agriculture and Prices*)(I. and II.),后来他又在其1884年出版的《六个世纪的工作和工资》(*Six Centuries of Work and Wages*)和1888年出版的《历史的经济学解析》(*Economic Interpretation of History*)中以更加通俗的方式进行了介绍。《农业和价格史》这一学术性著作对中世纪英国生活情况的研究最为全面、透彻。《农业和价格史》上册的第二章介绍了罗杰斯独具特色和有启发性的研究方法,当然有些论述仍待大家批评指正。但是,自从我们了解了敞田的真正特点之后,才搞清楚特定事实之间的相互关系。我们最好在读过西博姆或其后的著作,掌握了农业组织的整体情况之后,再去阅读罗杰斯的著作。

当时关于农村经济情况的资料主要来自沃尔特·亨利(Walter of Henley)的专著《农耕》(*Husbandry*)。已故的拉蒙德女士(Miss Lamond)翻译了这本书和其他一些类似的著作，坎宁安博士给这本书写了序言。序言的第 9—18 页能给我们一定的启发。

有关罗杰斯和沃尔特·亨利提到的农业方法的主要内容已经写进了 1912 年出版的普罗特罗(Prothero)所著的《英国农业：过去与现在》(*English Farming, Past and Present*)。有关敞田耕作制度在农业"从野生田禾种植"开始的发展过程中的作用，以及有关庄稼和牲畜的情况，大家可以参阅普罗特罗著作第一章的内容。我们应该注意：作者使用了"乡村农场"一词，这表示当时的采邑作为一个整体或多或少带点联合耕种的性质。

关于采邑法庭，没有太完善的记录。1888 年出版的丹顿(Denton)所著的《15 世纪的英格兰》(*England in the Fifteenth Century*)的第 13—16 页中有一点简单的描述。但梅特兰和其他一些近代学者指出，其中所提到的自有土地持有人所使用的"领地法庭"和维兰所使用的"习惯法庭"之间的区别是由后来的律师们提出的。梅特兰在《英国法律史》第二册第三章第五节中所探讨的领地司法制度的各种起源对于认真研究这个问题具有根本性的意义，但是不熟悉宪法和法律术语的人很难读懂。

关于采邑中自给自足的经济状况，请参见《经济史》第一卷第 33—36 页的内容；关于现代和中世纪农村情况的比较，请参见该书第 40—43 页的内容。

本讲所引用的埃弗斯利男爵(Lord Eversley)的话摘自他还是肖·勒菲弗(Mr. Shaw Lefevre)时所著的《土地权属》(*Agrarian Tenures*)(1893)第 17 页的内容。本讲所引用的德国和法国权威的话分别摘自1855年出版的利昂斯·德·拉韦涅(Leonce de Lavergne)所著的《英国和爱尔兰的乡村经济》(*Rural Economy of Great Britain and Ireland*)一书的英译本的第74页以及1892年出版的阿道夫·布肯伯杰(Adolf Buchenberger)所著的《农业和农业政策》(*Agrarwesen und Agrarpolitik*)一书的第391页的内容。有关赋税与封建土地保有制度下保有土地的附带条件之间的关系,请参见多德尔(Dowell)所著的《税收史》(第二版)(*History of Taxation*)(1888)第二卷第17—22页的内容。

第　二　讲

有关英国市镇早期历史的内容主要来自梅特兰所著的《末日审判书及后续》一书的第172—219页。有关伦敦的情况,请参见1899年出版的朗德(Round)所著的《伦敦公社》(*The Commune of London*)一书第219—251页的内容。阿什利所著的《历史和经济概览》一书,特别是在"中世纪城镇生活的起源"(The Beginnings of Town Life in Middle Ages)一文以及冯·贝洛(von Below)的评论中,介绍了近年来德国和法国有关欧洲大陆城镇生活情况的讨论。近年来的讨论大都使用了一些复杂难懂的专业术语,但《历史和经济概览》第167—173页的内容却比较通俗地介绍了城镇生活的一般特征。

已故教授查尔斯·格罗斯(Charles Gross)分析了在英国城镇发展过程中普遍存在的商人行会所发挥的重要作用,相关内容参见其1890年出版的《商人行会》(*Gild Merchant*)一书第4—60

页的内容。《经济史》第一卷第68—76页做了简单介绍,《历史和经济概览》一书第213—218页以及第225—226页讨论了商人与手工业行会之间的关系。

《经济史》第一卷第八节至第十一节的内容介绍了早期手工业行会的情况。这部分内容当中有关整个行会历史的分析有点过分侧重其早期阶段。有关后期手工业公会更全面的讨论,以及跟本书中所介绍的行会历史基本相同的论述,请参见《经济史》第二卷第三十一节至第三十六节的内容。

近年来有关行会发展历史,特别是伦敦的行会发展历史的著作,最值得关注的就是1908年出版的昂温教授(Professor Unwin)所著的《伦敦的行会和公会》(*Gilds and Companies of London*)。昂温教授着重分析了行会组织各种垄断和利己的特点。仔细研读过昂温教授的著作之后,现在的作家们将不再那么推崇行会组织的管理和控制,不再倾向于强调行会组织的优点。

有关产业组织的发展阶段:首次尝试用英文介绍德国学者所提出的阶段划分理论的内容,请参见《经济史》第二卷第219—222页。现在,我们可以将它与布赫(Bücher)所著的《产业演进》(1893年出版,其英译本于1901年出版)(*Industrial Evolution*)第四章的内容、1904年出版的昂温所著的《16和17世纪的产业组织》(*Industrial Organization the Sixteenth and Seventeenth Centuries*)的绪论部分以及1913年出版的劳埃德(Lloyd)所著的《餐具贸易》(*The Cutlery Trades*)第一章的内容进行比较。

《经济史》第一卷第十六节介绍了中世纪学者中最有影响力的阿基纳(Aquinas)提出的"公平价格"(Just Price)理论,我们可将这部分内容与坎宁安所著的《英国工商业的发展》第一卷第249—255页的内容进行比较。有关中世纪管制价格的做法，请参见《经济史》第一卷第二十节和第二十一节以及第二卷第二十七节的内容。

第　三　讲

《经济史》第一卷第29—33页以及维诺格拉多夫所著的《农奴制度》(*Villainage*)的第178—183页介绍了用货币代替劳役的一般过程。在1900年美国经济协会出版的佩奇(Page)的专著《英格兰农奴制度的消亡》(*The End of Villainage in England*)一书中，佩奇更加准确地估算了黑死病爆发之前和之后用货币代替劳役的做法发生的范围。

琼斯(Jones)在1831年出版的《财富的分配》(*Distribution of Wealth*)一书中介绍了大约在18世纪末当时中欧的观察家所亲眼见到的强制性劳役所带来的后果。有关小农地租的几章，1895年被单独翻印成书，取名《小农地租》(*Peasant Rents*)，该书可以很好地帮助读者了解中世纪英国地租的发展历程。

有关"土地和牲畜租赁"，请参见索罗德·罗杰斯所著的《农业和价格》(*Agriculture and Prices*)第一卷第24—25、第667—668页或《六个世纪的工作和工资》第277—282页的内容。

有关黑死病与农民起义之间的关系，可以像上面一样，读一读《经济史》第二卷第264—267页佩奇的观点。

有关维兰持有地的法律性质及其与圈地之间的关系，《经济史》第二卷第 272—283 页进行了介绍。萨文(Savine)发现了法庭干预的例子，因此现在在看这个问题的时候我们必须把这些例子考虑进来——参见萨文 1904 年在哈佛大学出版的《经济学季刊》(*Quarterly Journal of Economics*)第十九卷上发表的文章。有关近年来利用萨文发现的事实对这一问题进行的讨论，请参见 1909 年出版的约翰逊(Johnson)所著的《小土地所有者的消亡》(*The Disappearance of Small Landowner*)的第 62—72 页，1912 年出版的托尼(Tawney)所著的《16 世纪的土地问题》(*The Agrarian Problem in the Sixteenth Century*)的第 287—301 页，1910 年出版的《经济学杂志》(*Econ. Journal*)第二十卷第 54 页我对《小土地所有者的消亡》一书进行的评论，以及 1913 年出版的《经济学杂志》第二十三卷第 85 页上我对《16 世纪的土地问题》进行的评论。

《经济史》第二卷第 286—288 页首次尝试粗略估算了一下都铎王朝时期圈地运动的地理范围。根据盖伊(Gay)在 1903 年出版的《经济学季刊》第十七卷上发表的文章"16 世纪英国的圈地运动"(Inclosures in Enland in the Sixteenth Century)中提出的观点，现在这一估算结果必须进行大幅度的调整。在上面提到的约翰逊的著作中以地图的形式给出了盖伊估算出的百分比，但也请参看一下刚才提到的有关这本书的评论。

1907 年出版的斯莱特(Slater)所著的《英国农民和公共地的圈占》(*The English Peasantry and the Enclosure of the Common Fields*)的附录四中列出了都铎王朝时期出台的有关圈地的立法；在上面提到的托尼的著作的第 351—400 页有关于政府干预的有价值的描述及其后果的讨论。

本讲所引用的哈勒姆(Hallam)的话摘自其著作《制宪史》(*Constitutional History*)第一卷第79页。

第 四 讲

施莫勒(Schmoller)所著的《重商主义制度》(英译本)(*The Mercantile System*)(1896)的第1—13页介绍了"城镇经济"时期的特点,特别是关于德国的发展情况。《经济史》第一卷第十三节和第二卷第二十四节至二十九节比较详细地讲述了英国"城镇经济"时期的特点。

鲍利(Pauli)在《老英格兰景象》(英译本)(*Pictures of Old England*)一书中描述了位于伦敦的汉莎同盟的斯蒂尔亚德商站的情况。

昂温所著的《伦敦的行会和公会》一书的第四章至第六章以新的视角讲述了伦敦这些大公司早期的发展历史以及13世纪时外国商业因素所处的地位。跟阅读现代作品相比,翻阅赖利(Riley)在1868年出版的《伦敦和伦敦生活记录》(*Memorials of London and London Life*)中所翻译的伦敦的文献资料,可以让我们对14和15世纪时的状况产生更鲜活的印象。

《经济史》第二卷第419页简单介绍了风险与中世纪的重利学说之间的关系,坎宁安所著的《英国工商业的发展》第一卷第360—368页更加详细地介绍了这个问题。资本概念在商务实践和经济理论中的发展历史请参见1913年出版的《工业主义百科全书》(*An Encyclopedia of Industrialism*)中我所撰写的名为"资本概念在商务实践和经济理论中的发展历史”的文章。

1911—1912年出版的斯科特博士(Dr. Scott)所著的《1720年之前的股份公司》(*Joint Companies to 1720*)一书中包含了很多非常有价值的有关16和17世纪商业历史的资料，经济学家们才刚开始使用这些资料。有关英国第一批股份公司是如何出现的，请参阅该书第一章的内容；有关俄国公司的特殊意义，请参阅第二章的内容。我们可将其与亨特(Hunter)在1899年出版的《英属印度史》(*History of British India*)第一卷第六章和第七章中所介绍的后来东印度公司的类似经历进行比较。

第 五 讲

《经济史》第二卷第三章比较详细地介绍了英国羊毛工业早期的发展历史；现在，1913年出版的萨尔兹曼(Salzmann)所著的《中世纪的英国工业》(*English Industries of the Middle Ages*)一书第141—156页的内容可以从技术方面对上述内容加以补充。坎宁安博士1897年出了一本名为《外国移民》(*Alien Immigrants*)的专著，探讨了外国移民所发挥的作用。有关14世纪佛兰德纺织工的情况，请参见该书第22页的内容；有关16世纪瓦隆人和弗莱芒人的情况，请参见该书第29—35页的内容。

当代，第一个探讨治安法官评估的目的和作用的是索罗德·罗杰斯，我们可以参阅其著作《历史的经济学解析》第38—45页的内容。休因斯(Hewins)在1892年出版的《英国的贸易和金融，以17世纪为主》(*English Trade and Finance, chiefly in the Seven-*

teenth Century）的第 82—88 页，坎宁安在 1903 年出版的《英国工商业》（*English Industry and Commerce*）第二卷第 168 节都更加公平客观地通过引用新的例证探讨了这个问题。关于这个问题，托尼用英文写了两篇很有启发性的文章发表在 1913 年的《社会经济史季刊》（*Vierteljahrschrift für Social-und Wirtshaftsgeschichte*）上，希望不久我们能在英文出版物上看到这两篇文章。

《经济史》第二卷第五章介绍了《济贫法》的早期发展历史；伦纳德（Leonard）女士在 1900 年出版的《英国济贫的早期历史》（*The Early History of English Poor Relief*）一书中介绍了伊丽莎白一世统治时期以及斯图亚特王朝前两位君主统治时期《济贫法》的发展情况。要想对都铎王朝和斯图亚特王朝的治国理念有一个客观的认知，要想了解枢密院所发挥的作用，《英国济贫的早期历史》也是不二之选。

本讲所提到的李斯特的"生产力"观点，是他在其著作《经济学的国民体系》（英译本）（*National System of Economy*）（1904）的第七章中提出的。本讲所提到的小册子的作者是阿巴思诺特博士（Dr. Arbuthnot），在卡斯尔国家图书馆很容易就能找到他的著作《约翰·布尔史》（*History of John Bull*）。

第　六　讲

尽管较晚的一些作品，例如约翰逊所著的《小土地所有者的消亡》，特别是第 128—150 页的内容，对相关问题从细节上进行了补充和修正，但 1884 年出版的汤因比所著的《18 世纪的工业革命》

（简装版）（*Industrial Revolution of the Eighteenth Century*）一书的第13—22页、第34—44页依然是了解18世纪农业历史的最佳资料来源。普罗瑟罗所著的《英国的农业：过去与现在》一书的第七章至第十四章详细介绍了农业方法改进运动。有关圈地的途径和后果，近几年出现了两本极具启发性的专著，分别是1911年出版的哈蒙德夫妇（J. L. and B. Hammond）所著的《乡村雇工》（*The Village Labourer*）和冈纳教授（Professor Gonner）所著的《公共地与圈地》（*Common Land and Inclosure*）。哈蒙德夫妇和冈纳教授的态度迥然不同，传递给读者的观点也截然不同。J.H.克拉彭（J. H. Clapham）在1912年6月出版的《经济学杂志》上发表了一篇文章，对这两本书进行了评论和比较，我们可以将这篇文章与1913年出版的斯莱特所著的《现代英国的建成》（*Making of Modern England*）一书的第37—43页内容进行比较。有关《谷物法》所带来的影响，大家最好参考一下1904年出版的尼克尔森（Nicholson）所著的《英国谷物法历史》（*History of the English Corn Laws*）。利维教授（Professor Levy）所著的《大面积与小面积持有地》（英译本）（*Large and Small Holdings*）（1911）的第一部分探讨了农业专家和经济学家的观点——认为大规模的耕作要比小规模的耕作更有优势——及这种观点对特别是谷物种植产生的影响。有关持有地的规模，直到1914年才出现了跟真正有意义的统计数字比较接近的资料，参见《农业统计》（*Agricultural Statistics*）第四十八卷第一部分。

腓特烈·波洛克爵士（Sir Frederick Pollock）所著的《土地法》（*Land Laws*）一书的第三章至第五章简单明了地介绍了在现

在的家族契约方法出现之前英国土地法的发展历史。

本讲所引用的辉格党权威的话出自1881年出版的布罗德里克(Brodrick)所著的《英国的土地和英国的地主》(*English Land and English Landlord*)一书的第99页;本讲所提到的著名的西部农村作家的观点摘自1913年出版的巴林·古尔德先生(Mr. Baring Gould)所著的《老式乡村生活》(简装版)(*Old Country Life*)第15页。

第七讲

要想开始研究产业革命,汤因比所著的《产业革命》一书的第二、第四、第六和第八章的内容是我们的不二之选;要想了解机械方法的变化,那就必须要读一读1865年出版的杰文斯所著的《煤炭问题》(*Coal Question*)一书第六章的内容。读完这些书,有了一个大概的印象之后,大家最好再去读一读1903年出版的阿奇迪肯·坎宁安所著的《英国工商业的发展》第三卷第二百四十二节至第二百七十二节的内容,去看看其中对很多问题更加深入的探讨。

马克斯·韦伯(Max Weber)首先指出了加尔文主义的宗教观念对资本形成产生的影响,后来,厄恩斯特·特洛尔奇(Ernst Troeltsch)进一步细化了这一观点。迄今为止,这两位学者的著作还没有英文版。但利维教授在其《经济自由主义》(英译本)(*Economic Liberalism*)(1913)一书的第五章中将同样的思想方法应用到了英国;1913年出版的《英国协会伯明翰手册》(*British Association Handbook to Birmingham*)第354—358页上,也有我关于这个问题的一些讨论。

在其著作《垄断和竞争》(英译本)(*Monopoly and Competition*)(1913)一书的第一章中,利维举了一些17世纪制造业中资本主义的例子。卡尔·马克思关于什么是"工场"的分析参见《资本论》一书的第二十四章。

杰文斯在1882年出版的著作《国家与劳工》(*State in Relation to Labour*)一书中简单介绍了19世纪的工业立法;哈钦斯(Hutchins)和哈里森(Harrison)合著的《工厂立法史》(第二版)(*History of Factory Legislation*)(1911)中给出了更加详细的介绍;但有关劳工联盟早期历史的介绍,最好的当属1894年出版的韦伯夫妇合著的《工会主义史》(*History of Trade Unionism*)一书前几章的内容(或许,其观点比后来的作品更加客观)。1909年出版的《近年来济贫委员会报告汇编》(Report of the recent Poor Law Commission)第三部分中给出了1832年济贫委员会报告书的公正的概要,其中指出了19世纪末所采取的济贫制度运行中存在的种种弊端。

1913年出版的科尔先生(Mr. Cole)所著的《劳工世界》(*World of Labour*)一书中有一章(第七章)专门讨论了他所谓的"工会结构"问题,这是这本书中最具启发性的部分之一,尽管这本书观点有些片面,时不时还会出现一些暴力性语言,但其丰富的内容和轻快的笔触完全弥补了上述不足。

本讲所提到的哈利法克斯的书信摘自1914年出版的希顿(Heaton)编写的《约瑟夫·霍尔罗伊德与萨姆·希尔的书信册》(*The Letter Books of Joseph Holroyd and Sam Hill*)。

第 八 讲

读过穆勒在其《政治经济学》(*Political Economy*)第四册第七章第六节中有关生产合作的热情洋溢、满怀希望的描述之后,大家可以再读一读 1891 年出版的波特(Potter)(韦伯夫人)所著的《英国的合作运动》(*The Co-operative Movement in Great Britain*)的第五章以及 1898 年出版的施洛斯(Schloss)所著的《工业报酬方法》(第三版)(*Methods of Industrial Remuneration*)的第二十二章至第二十四章的内容,了解一下合作生产尝试后来的发展历史。普赖斯(Price)所著的《合作与合伙》(*Price, Co-operation and Co-partnership*)一书的第八章至第十章描述和评价了"销售合作"及其为数众多的零售店铺、批发合作社以及批发合作社所拥有的工厂。关于凯特林(Kettering)作品中及其他地方所提到的生产合伙后来所采取的形式,请参见《历史和经济概览》第 399—404 页上转载的我于 1899 年发表的名为"英国的合作制度"(Co-operation in England)的文章。

1913 年出版的费伊(Fay)所著的《工业中的合伙》(*Copartnership in Industry*)一书的第三章不无同情地描述了最近人们在合伙(此处的合伙是指将工人全部或部分应得利润都投资到其受雇单位中去的制度安排)方面进行的尝试,上面提到的普赖斯的著作的第 220—259 页也分析了这些尝试。我在 1913 年 10 月出版的《评论季刊》(*Quarterly Review*)中发表了一篇名为"分红制度"(Profit-sharing)的文章,探讨了分红制度与合伙制度。

奥古斯特·孔德有关劳工问题的观点，请参见1848年出版的布里奇斯（Bridges）翻译的孔德的著作《实证主义概论》（*General View of Positivism*）第三章第117页的内容。

要想了解有关近代资本联合和垄断趋势的情况，就必须要读一读1907年出版的麦克罗斯蒂（Macrosty）所著的《英国工业中的托拉斯运动》（*Trust Movement in British Industry*）。该书第二章讲的是钢铁行业，第五章讲的是纺织行业，这两章的内容都紧扣书的主题。1904年出版的罗斯（Ross）所著的《英国铁路》（*British Railways*）一书的第一章和第二章简单介绍了铁路公司合并的历史以及大运输公司之间的联合程度。1909年公布的《海运集团皇家委员会报告》（Report of the Royal Commission on Shipping Rings）解读了航运公会组织，并介绍了"采用延期折扣制度的航运公会在何种意义上以及多大程度上能够实现垄断"。利维所著的《垄断与竞争》的第九章介绍了"英国工业中现有的各种垄断组织"，第十章介绍了这些垄断组织发展起来的原因。

1899年出版的爱德华·伯恩斯坦（Eduard Bernstein）所著的著名的《社会主义的前提》（*Die Voraussetzungen des Sozialismus*）一书中最引人注目的部分或许就是有关很多大型现代企业股权高度分散的现象及其背后原因的分析，这本书引发了修正主义者与信奉马克思主义的德国社会主义者之间的争论。这部分内容请参见1909年出版的《进化社会主义》（*Evolutionary Socialism*）一书的英译本的第40—54页的内容。

梅特兰教授在1900年出版的《中世纪的政治学理论》（*Political Theories of the Middle Ages*）一书中翻译了部分奥托·吉尔克

教授(Professor Otto Gierke)的伟大著作,将吉尔克提出的有关“合作社”(社团和企业)性质的学说介绍给了英国的读者。在这本书的序言中,梅特兰顺便提到了这一学说对现代有关劳工组织性质的讨论所产生的影响。自此以后,这一总体概念影响力越来越大,已经开始影响政治思想,有关这一点,请参见林赛先生(Mr. Lindsay)在 1914 年 2 月版的《政治学季刊》(*Political Quarterly*)上发表的文章“近年来政治学理论的发展情况”(The State in Recent Political Theory)。

图书在版编目(CIP)数据

英国的经济组织/(英)威廉·詹姆斯·阿什利著；王丽译.—北京：商务印书馆，2018
(经济学名著译丛)
ISBN 978-7-100-15903-6

Ⅰ.①英…　Ⅱ.①威…②王…　Ⅲ.①经济组织—历史—英国　Ⅳ.①F156.19

中国版本图书馆CIP数据核字(2018)第042264号

经济学名著译丛
英国的经济组织
〔英〕威廉·詹姆斯·阿什利 著
王丽 译

商务印书馆出版
(北京王府井大街36号 邮政编码100710)
商务印书馆发行
北京冠中印刷厂印刷
ISBN 978-7-100-15903-6

2018年5月第1版　　开本 850×1168 1/32
2018年5月北京第1次印刷　　印张 5⅜
定价：18.00元